I0766119

PEDRO HERNÁN PORTILLA SALAS

JOSÉ MARIA ARGUEDAS:

50 AÑOS DESPUES DEL AUTO DE FE

Ensayo

Abancay-Perú

JOSÉ MARIA ARGUEDAS:
50 AÑOS DESPUES DEL AUTO DE FE
Ensayo

Autor/Editor:

Pedro Hernán Portilla Salas

Urb. Los Nogales Nº K-16 - San Sebastián – Cusco

1ª. Edición- Octubre 2019

HECHO EL DEPÓSITO LEGAL EN LA BIBLIOTECA

NACIONAL DEL PERÚ Nº 2019-13043

Se terminó de imprimir en septiembre del 2019 en:
Los talleres gráficos de
PANTIGOZO GUILLEN JUAN EDMUNDO
Av. Perú F-10-A – Urb. Quispicanchis
Cusco – Perú

Revisión de texto: Enrique Rosas Paravicino

Diagramación: Juan Edmundo Pantigozo Guillén

ISBN: 9781695686502

"Despidan en mí a un tiempo del Perú cuyas raíces estarán siempre chupando jugo de la tierra para alimentar a los que viven en nuestra patria, en la que cualquier hombre no engrilletado y embrutecido por el egoísmo puede vivir, feliz, todas las patrias"[1].

-.-

"(...) Que afilen cuchillos, que hagan tronar zurriagos; que amasen barro para desfigurar nuestro rostro; que todo eso hagan.

No tememos a la muerte; durante siglos hemos ahogado a la muerte con nuestra sangre, la hemos hecho danzar en caminos conocidos y no conocidos.

Sabemos que pretenden desfigurar nuestros rostros con barro; mostrarnos así, desfigurados, ante nuestros hijos para que ellos nos maten." (...)"[2]

JOSÉ MARÍA ARGUEDAS

[1]   José María Arguedas, *El zorro de arriba y el zorro de abajo* [1971], ed. Ève-Marie Fell (París: ALLCA XX, 1991), 245-246.

[2]   José María Arguedas, LLAMADO A ALGUNOS DOCTORES, En John V. Murra y Mercedes López-Baralt, Las cartas de Arguedas. Lima: Fondo Editorial de la Pontificia Universidad Católica del Perú, 1969, 259-59.

-

CONTENIDO

PRÓLOGO

INTRODUCCIÓN

CAPÍTULO I
EL INDÍGENA Y LA CULTURA ESCRITA
EN EL PERÚ

1. Contexto histórico 19

2. Los primeros héroes indígenas en el acceso
    a la cultura escrita hispana 21

3. Indigenistas criollos del Perú 24

CAPÍTULO II
JUAN ESPINOSA MEDRANO

1. Síntesis biográfica 27

2. Espinosa Medrano en la lupa de la historia   29

3. Espinosa Medrano y sus obras literarias 32

4. Espinosa Medrano en el contexto social
    criollo 34

5. Espinosa Medrano en la percepción de los
    literatos criollos tras la independencia 38

6. Espinosa Medrano en la percepción
de la intelectualidad literaria actual 43

7. Espinosa Medrano en la investigación
literaria del Perú 50

CAPÍTULO III
JOSÉ MARÍA ARGUEDAS ALTAMIRANO

1. Síntesis biográfica 59

2. La simbiosis de la voz indígena y las
letras opresoras en el mundo indígena 77

3. La visión de Arguedas y la realidad
actual del mundo indígena 84

4. La construcción de una sociedad transcul-
turada, afinidades y desencuentros con
pensadores del Perú criollo 93

5. Arguedas en el contexto literario
latinoamericano 109

6. Desencuentros con Julio Cortázar 112

7. La polémica vista por otras
personalidades literarias 131

8. Entorno literario y sociopolítico del Perú
previos a la novela Todas las sangres 142

9. Un moderno Auto de fe contra José
   María Arguedas y la   persecución
   neoliberal del pensamiento indígena 152

10. Eventos previos a la fatídica mesa redonda   156

11. José María Arguedas y el Auto de fe, la
    inquisición propiamente dicha 160

12. Arguedas y la consumación de una
    persecución 192

13. Sociólogos y la campesinización del indígena
    en el Auto de fe 195

14. Aníbal Quijano, rectifica sus conceptos de
    indígena y desindigenización 197

15. Arguedas, inquisidores y el Auto de Fe en
    la lupa del mundo intelectual 198

16. José María Arguedas y el suplicio *post
    mortem* 203

CONCLUSIONES 213

BIBLIOGRAFÍA 221

PRÓLOGO

Nuevamente nos impregna la presencia intemporal del maestro José María Arguedas, esta vez con ocasión de recordar los cincuenta años de su trágica partida (1969-2019). A dicha conmemoración se suma este libro de Pedro Hernán Portilla Salas, escritor y paisano del gran *Tayta*, texto que precisamente titula: *José María Arguedas: 50 años después del auto de fe*. Como se verá, el título provocador (en la mejor acepción de generar debate), sin embargo, es también un libro que, con talante arguediano, recapitula un segmento importante de nuestro proceso literario.

En estas páginas, Arguedas aparece en compañía de otro personaje: Juan Espinosa Medrano, el sacerdote culteranista que, en el siglo XVII, procuró reactivar una polémica literaria correspondiente al Siglo de Oro español. Aquí, la intención del ensayista es destacar que una región postergada como la apurimeña fue capaz de dar hijos de la talla de ambos personajes.

Sin embargo, el propósito central de Portilla Salas es ensalzar la figura del autor de *Los ríos profundos*. Para ello no escatima en el uso de frases hiperbólicas para reconfigurar a un Arguedas *histórico*, capaz de "[inmolar] su vida en un suplicio cultural por la redención de un pueblo indígena maltratado". De ahí el tono airado de la prosa y una actitud beligerante propia del espíritu "chanka", bastante proclive hacia las posiciones radicales.

Un tema medular del libro es la *Mesa Redonda sobre Todas las sangres* (junio de 1965), a la que Portilla Salas califica como "un moderno tribunal del Santo Oficio". El lector puede estar de acuerdo, o no, con esta definición. Lo evidente es que aquel evento dio lugar a un largo debate posterior que, en el fondo, es un debate pluridisciplinario sobre la compleja realidad nacional. La novela *Todas las sangres* de Arguedas cumplió ese rol activador de la polémica, cuyos ecos todavía resuenan hoy y, de manera paradójica, remarcan el interés por un conocimiento más cabal del mundo arguediano. Es cierto que en aquella Mesa Redonda hubo excesos verbales y juicios arbitrarios sobre

Todas las sangres, mas, poco a poco la novela, por mérito estético-ideológico, fue configurándose en lo que hoy es: un texto clásico de la narrativa hispanoamericana.

Pero lo que no dice Portilla Salas en su libro es que el 8 de setiembre de 1982 hubo en Lima el encuentro denominado "Vigencia y universalidad de José María Arguedas" organizado por Sybila Arredondo y la Editorial Horizonte, como una respuesta a la Mesa Redonda de 1965. Participaron en el encuentro: Antonio Cornejo Polar, Martin Lienhard, William Rowe y Alberto Escobar. Fue un evento totalmente distinto al del IEP de Henry Favre, Aníbal Quijano y José Matos Mar, por cuanto en lo de 1982 se ponderó la poética arguediana en su sólida dimensión humanista y se delimitó las fronteras entre el discurso literario y el discurso científico. En síntesis, se desagravió al amauta andahuaylino, desde tan acendrada reunión académica.

Hasta aquí la recapitulación. Ahora doy paso a Pedro Hernán Portilla Salas, a su verbo encrespado y a sus afanes de interpelación. Lo suyo es un propósito de poner los puntos sobre las *íes*. Loable tarea reservada a los que aún no han perdido la capacidad de indignarse. En ese gesto hay un destello de solidaridad humana; también un anhelo de justicia, de esclarecimiento, de reparación. Y todo ello está animado, cinco décadas después, por la estampa insigne del maestro José María Arguedas.

Cusco, Agosto de 2019.

Enrique Rosas Paravicino

INTRODUCCIÓN

El propósito del presente ensayo, está enmarcado en el contexto histórico de una sociedad excluida de la cultura escrita. Un país donde la escritura es patrimonio exclusivo de una clase social criolla que concentró el poder durante siglos. En otras palabras, trata de explicar de cómo, desde sus orígenes hispanos pocos mestizos e indígenas, enfrentaron las vallas del poder para empoderarse de las letras hispanas, cada uno en su época y durante más de 500 años. Pese a tales adversidades, fueron reconocidos como los grandes de la literatura hispanoamericana. Me estoy refiriendo a dos personalidades, ambos proceden de la región Apurímac, ejemplo de la exclusión social y cultural del Perú en este siglo post moderno. Tales personajes son: Juan Espinosa Medrano, "El Lunarejo", quien gracias a su inteligencia y talento, optó por omitir su identidad originaria, para mostrarse como sujeto criollo y alcanzar el sitial más alto de la literatura barroca en Hispanoamérica del siglo XVII. Y José María Arguedas, único pensador peruano no indigenista del siglo XX, culturalmente indígena, quien irrumpió en la intelectualidad criolla, para mostrar al mundo un Perú fraccionado y sumido en contrastes: Un **Perú Criollo o formal,** económica y políticamente poderoso, con esmerada educación, recursos suficientes y apoyo del Estado en la adquisición de conocimientos y engarzamiento al mercado cultural del mundo; y el **Otro Perú real** mayoritario, excluido del idioma español y del conocimiento de sus letras, sin recursos, sin acceso o con acceso marginal a la educación "nacional" que subsiste a la sombra de un Estado que deliberadamente lo soslaya. Ante esta realidad demostrada en su novela *Todas las sangres*, una élite de escritores y pensadores criollos; cuidando que tales conclusiones trascendiera y trastocara las estructuras de un estado oligárquico, fue sometido a un suplicio cultural.

Este ensayo retrata de cuerpo entero, el sórdido fuego cruzado al que un puñado de intelectuales criollos y extranjeros, acicateados por la nostalgia colonial del Gran temor, sometieron a José María Arguedas a un suplicio inquisitorio, al que aquí, hago una analogía con el cruel Auto de fe del medioevo, por imaginar en su novela *Todas las sangres*, al indígena, mestizo y criollo empobrecido, como actores políticos de cambio de este Perú fracturado. Y como corolario de esta ordalía criolla, José María Arguedas, tras la emboscada cultural, convicto de haber aportado cuanto estuvo a su alcance en la revaloración de la cultura milenaria y, trazar la senda de la opción política indígena, nauseado de la postura de aquellos pensadores criollos; optó, por lo que ya todos conocen, se suicidó. Inmoló su vida, por la redención de un pueblo indígena maltratado.

De eso trata esta obra, será usted Señor lector, quien evalúe si vale la pena continuar con la lectura. GRACIAS

El autor

CAPÍTULO I
EL INDÍGENA Y LA CULTURA ESCRITA EN EL PERÚ

1. Contexto histórico

El Perú actual como sociedad y nación, es el resultado de la colisión violenta de dos civilizaciones, históricamente distintas. Por un lado, la prehispana, depositaria de referentes civilizatorios milenarios y paradójicamente ágrafa, la víctima; y por el otro, la hispana, una sociedad en transición al capitalismo y un afán de expansión geopolítica, dominación económica, dotado de un medio de enervamiento ideológico, la religión; el idioma y la cultura escrita, como armas letales en la segregación del mundo posesionado en: vencedores y vencidos.

Los vencedores hispanos, propietarios del poder, el idioma, la escritura; y los vencidos, culturalmente cercenados, políticamente desestructurados e ideológicamente alienados y sometidos.

En tal escenario los vencidos, despojados de su patria, no anduvieron aislados de la vinculación biológica-social con los vencedores; como en toda conflagración bárbara, el mestizaje biológico fue violento, masivo y una constante histórica. Los vencedores, engendraron generaciones mestizas sin paternidad formal reconocida; desde entonces, indígenas y mestizos, sumidas en su cultura primigenia, transitaron prisioneros en su propia patria. Resistieron su exclusión, arraigados a la ancestral cultura, sin derecho al conocimiento del idioma y la cultura escrita hispana; aun así, la hibridación biológica continuó, cuanto más la sociedad española advenediza se arraigaba en el Perú, tanto más el sistema colonial, expulsaba de su férula social a los suyos: criollos arruinados por la pobreza. Tal que estos criollos empobrecidos, fueron acogidos por la bondadosa cultura originaria madre y se dio el mestizaje biológico y cultural consentido, hasta que en estos tiempos, los criollos empobrecidos, no solo comparten el espacio territorial y la marginación; sino también, la exclusión socio-económica y privación de la cultura escrita hispana. Esta integración cultural y biológica, constituye hoy, el Otro Perú real: indígena, mestizo y criollo pobre, mayoritario, excluido y como secular anatema, no aceptado por el Perú Criollo formal o Nacional.

2. Los primeros héroes indígenas en el acceso a la cultura escrita hispana

Sin duda, el Inka Garcilaso de la Vega (1539-1616) resulta siendo el primer mestizo, que genéticamente procede de la fusión de dos élites culturales (del vencedor y la vencida). Por la vía paterna, con derecho al conocimiento del idioma y las letras hispanas; por la vía matrilineal, depositario de la herencia oral de una civilización milenaria colapsada, con cuyo bagaje se constituirá en el primer eslabón privilegiado de esta larga historia. Historia que empezará abandonando su propia patria, no sin antes dejarla sentenciada: "madre de hijos ajenos y madrastra de hijos propios", en alusión a los estigmas y el desprecio de la raza paterna hacia la materna; porque convencido estaba, que en las condiciones como trataban a los mestizos e indígenas, ni su abolengo materno, menos sus conocimientos de las letras e idioma español, le servirían para testimoniar la grandeza de sus antepasados maternos. Hasta que recién en España, hará lo que siempre pensó, escribir; entre otras: los *Comentarios reales (1609);* pero, gajes del colonialismo español, con el advenimiento de la revolución de Thupaq Amaru II, la tenencia y lectura de tal obra fue criminalizada y satanizada como literatura prohibida.

Blas Valera (1545-¿1597?), primer mestizo jesuita, chachapoyano y cronista, quien por defender la raza materna, participó en la redacción de una carta dirigida al papa, cuyo propósito "era demostrar que el quechua, lengua civilizada como el latín, era ordenada y elegante, y por tanto podía y merecía aprenderse"[3]. Esta epístola, llamada después como *La carta latina,* será motivo de denuncia, persecución, expulsión de Valera como miembro de La Compañía de Jesús y, bajo secreta participación de clérigos jesuitas de buen juicio, declarado en muerte ficticia para que viajara a España con nombre suplantado, donde se habrá de contactar con el Inka Garcilaso de la Vega, entregarle sus escritos sobre la "Historia de los incas" y donde también, concluirá su vida. La consecuencia inmediata y de largo alcance de *la carta latina,* fue la decisión del Vaticano de prohibir el acceso de los mestizos al sacerdocio y, limitar el conocimiento de las letras españolas. Sobre el particular, el historiador Felipe E. Ruan, en su obra *Identidad mestiza y la formulación de un sujeto colonial de*

---

3   Véase: José Cárdenas Bunsen, CIRCUITOS DEL CONOCIMIENTO: EL ARTE DE LA LENGUA ÍNDICA DE VALERA Y SU INCLUSIÓN EN LAS POLÉMICAS SOBRE EL SACRO MONTE DE GRANADA*, Lexis Vol. XXXVIII (1) 2014: 71-116, Vanderbilt University

superior devoción en el Perú del siglo XVI (2012), explica y documenta este tema[4].

Otro cronista indígena que supo saltar las vallas de la persecución, donde el conocimiento del idioma español y sus letras era sinónimo de sangre, fue Felipe Huamán Poma de Ayala (¿1534-1616?) con su obra Nueva Coronica y Buen Gobierno, escrito probablemente en el año 1615; pero, cuidando no ser desaparecido por conocer las letras españolas, tuvo que extrapolar la historia tawantinsuyana a la

---

4   Según los datos que proporciona Sabine Hyland (muchos de ellos verificables en, *Documenta Peruana,* II y III) desde su llegada a Perú en 1568 y en la década de 1570 en particular, los jesuitas recibieron a unos ocho mestizos. Por orden de ingreso a la Compañía estos fueron: Blas Valera (recibido en 1568), Gonzalo Ruiz (hermano coadjutor), Juan Rodríguez (novicio que abandona la orden), Juan de Añasco (novicio que abandona la orden), Pedro de Añasco (recibido en 1573), Alonso Camacho (muere antes de ser ordenado), Bartolomé de Santiago (recibido en I575), Domingo de Vermeo (hermano coadjutor) (2003: 184, n. 5). De esos ocho mestizos, según los datos citados de, *Documenta Peruana* II *y* III, tres tenían buena preparación en latinidad, Valera, Santiago, y Añasco. De los tres, Blas Valera sobresalía en conocimiento de lengua latina. Aunque no es posible dictaminar a ciencia cierta sobre la identidad de los autores de la epístola latina, no estaría de más conjeturar que Blas Valera participara en alguna medida en su elaboración. La carta data del 13 de febrero de 1583, poco ames de que Valera fuera acusado en abril de 1583 de un crimen misterioso (Hyland 2003: 69). Según la fecha de la carta, esta fue "dada" en "Conae" (" Datum Conae, p[rim] o idus Februarii 1583"), lugar que Antonio de Egaña identifica como Canas *(MP 1961,* III, doc. 58,274, n. 15), región del corregimiento de Canas y Canchis, provincia del Cuzco. En I582 Blas Valera, que se encontraba en Potosí, fue llamado a Lima. Durante su viaje a la capital del virreinato Valera pasaría por la región de Canas, y cabría pensar que participara en la preparación de la carta latina. No obstante, merece subrayarse que los autores de la carta latina prefirieron optar por el anonimato.

impronta bíblica. Aun así, su publicación fue ocultada hasta 1906.

Juan de Santa Cruz Pachacuti Yamqui Salcamayhua, cronista indígena, converso a la fe católica y admirador de la persecución idolátrica, accedió al conocimiento de las letras hispanas y para la catequización, adaptó la historia incásica a los pasajes de la versión bíblica en su obra *Relación de las antigüedades deste Reyno del Pirú.*

3. Indigenistas criollos del Perú

Hubo también, intelectuales criollos, generalmente sacerdotes, quienes exigidos por la lástima cristiana ante la situación de oprobio del indígena, abogaron un trato humano; igualmente, fueron acallados con reprimendas y exilios diplomáticos, como es el caso de fray Buenaventura Salinas y Córdova.

En la época republicana, se han gestado corrientes criollas de indigenistas literarios: Narciso Aréstegui, Clorinda Matto Turner; Manuel Gonzales Prada, Luis E. Valcárcel, Federico More y José Uriel García, José Carlos Mariátegui; Ciro Alegría, Manuel Scorza[5], entre los principales; quienes asumen la defensa del indígena, unos en el marco de la República Aristocrática del Perú sin indios y

---

5   Sobre el indigenismo, como elaboración conceptual y periodización criolla, existen diferentes puntos de vista, uno de ellos: TOMÁS GUSTAVO ESCAJADILLO: *La narrativa indigenista peruana.* Lima: Amaru, 1994.

otros, bajo la férula del neopositivismo nacional. En este escenario, incorporamos al poeta indígena puneño del grupo Orq'opata, Inocencio Mamani (1904-1990) autor de textos teatrales en el idioma quechua a quien, por su condición de quechua hablante, José Carlos Mariátegui consideraba como el único representante de la literatura indígena al afirmar: "La escritura y la gramática quechuas son en su origen obra española y los escritos quechuas pertenecen totalmente a literatos bilingües como El Lunarejo, hasta la aparición de Inocencio Mamani, el joven autor de *Tucuípac Munashcan*"[6].

---

6   José Carlos Mariátegui; Obras Completas Cronológicas Volumen 10, 7 Ensayos de Interpretación de la Realidad Peruana (5 de noviembre de 1928), p.154.

CAPÍTULO II

JUAN ESPINOSA MEDRANO

1. Síntesis biográfica

El rastreo histórico en poblaciones que hoy pertenecen a la región Apurímac hasta el siglo XVII, aún no ha detectado hallazgos sobre indígenas o mestizos que conocían las letras hispanas. La casualidad de la hibridación biológica, recién mostró al mundo, un fenómeno cultural que remecerá al Olimpo de la aristocrática intelectualidad del virreinato del Perú y de la propia España; este es el indígena Juan Espinoza Medrano, apodado: "El Lunarejo", "Doctor Sublime" o "Demóstenes Indiano". De los orígenes de este personaje, se tiene una percepción dicotómica. Por un lado, el niño indígena de nombre Juan Chancahuaña[7] de niñez desconocida y por el otro, una biografía, fabulada o acomodada, en armonía a las exigencias de su gran valía intelectual. Su vida fabulada, parece empezar desde los doce años; es evidente que a partir de esa edad, su biografía fue registrada y narrada con la rigurosidad que su jerarquía exigía. Aun así, dentro de esa

---

7   Hurtado Trujillo, Hernán; Heterogeneidad y transculturación en la novela Saracosecho de Manuel Robles Alarcón, LIMA, 2014, p.38.

incertidumbre, los entendidos convienen que nació el año 1629, en un lejano pueblo indígena, denominado Calcauso de la antigua provincia de Aymaraes y Obispado del Cusco de aquel entonces; hoy, distrito Juan Espinosa Medrano, provincia Antabamba, Departamento Apurímac. Sin embargo y al margen de este convencionalismo, en un mundo de pueblos ágrafos, la tradición oral es la fuente de supervivencia cultural y se sobrepone a los artilugios de la cultura escrita. En Calcauso, la oralidad cuenta a sus generaciones sobre la biografía de su hijo, más o menos en estos términos: A inicios del siglo XVII, llegó a Calcauso un sacerdote español apellidado De Espinosa. Este tras hacerse cargo de su curato, en las cotidianas misas de evangelización que solía oficiar, predicaba sus sermones en latín. Uno de aquellos días del oficio, sorprendió a un niño indígena llamado Juan Chancahuaña, interpretando en latín los cánticos de la misa que solía escuchar; hecho que causó interés especial del clérigo por la inusual capacidad intelectual del niño aquel. Desde entonces De Espinosa, asumió su custodia y al ser rotado en sus funciones, el niño es trasladado al Cuzco como su sirviente, donde le asigna como tarea, conducir y recoger a los hijos naturales de padres españoles a la escuela. Se dice que en esa rutina, mientras los hijos de españoles estudiaban, Juan, desde el umbral de la puerta del aula, solía observar con atención las explicaciones del maestro a sus alumnos y en esa rutina, se dio el caso que un niño criollo, de quien era su acompañante, no supo responder a la pregunta de su maestro, Juan Chancahuaña, se ofreció a responder por él y lo hizo tan bien que sorprendió al sacerdote y maestro español, quien en tributo a su inteligencia, no sólo patrocinó sus estudios oficiales, sino, lo adoptó como Juan de Espinosa Medrano[8].

2. Espinosa Medrano en la lupa de La historia

Más allá de aquella aureola de la tradición oral, sobre sus orígenes y edad temprana, ¿Qué de extraordinario más tuvo este *"indiecito"* precoz y victorioso, "ojeriza [que el] gobierno colonial oponía a los hijos de naturales"[9]? La respuesta a esta interrogante, además de la nutrida producción literaria y filosófica que legó y causó admiración en la intelectualidad, traspasando los límites del continente y los siglos, nos las proporcionarán, ilustres personajes de las letras, cada uno en su

---

8 Paniura Silvestre, Toribio (2011). «Juan de Espinosa Medrano: el indio ilustrado». Variedades, N° 250: 12-13.

9 MATTO DE TURNER, Clorinda; Bocetos al lápiz de americanos célebres. Lima: Peter Bacigalupi, 1880.

tiempo. Así, Fray Agustín Cortés de la Cruz, primer biógrafo de Espinosa, dejó dicho: "fue músico y compositor a los doce años, a los catorce componía comedias y autos y escribía en latín y a los dieciséis era catedrático de Artes,..."; más adelante el mismo biógrafo en el prólogo de la "Novena Maravilla", tratando de soslayar la ascendencia indígena del prologado, acude a una hipérbole para decir: "fue hijo de sus obras este nobilísimo ingenio"[10]; en el mismo prólogo Cortés de la Cruz, deja sentenciado: "Tomás del Nuevo Mundo", en analogía con Santo Tomás de Aquino. Mucho después, en el siglo XVIII, respecto a su nacimiento y ascendencia, Diego de Esquivel y Navia, tras rigurosas indagaciones, confirma como lugar de su nacimiento al pueblo de Calcauso, en la provincia de Aimaraes, en el obispado del Cuzco. Este mismo autor, ilustra la verdad de su origen indígena, transcribiendo el siguiente texto: "Predicando un día Espinosa Medrano en la Iglesia Catedral advirtió que repelían a su madre, que porfiaba por entrar, y dijo "Señoras, den lugar a esa pobre india que es mi madre"

---

10 Esta frase, fue aclarado mucho después por Rodríguez Garrido: "Tal afirmación es un tópico que recorren las plumas de muchos egregios escritores hispanos del siglo y xvii [...] es un tópico sirve para encomiar y defender a quienes, marginados de algún modo del prestigio social por sus orígenes —ya sea por carecer de la llamada pureza de sangre o por ser hijos bastardos o naturales— se han hecho el nombre que la cuna negó a fuerza de sus actos (Rodríguez Garrido 1994: 32).

(Cisneros y Guibovich Pérez 1988: 331). Otra personalidad de histórica recordación, es la insigne escritora Clorinda Matto de Turner, quien en su obra perfila la valía de Espinosa Medrano así: "indígena, estudiante precoz y brillante, que supo aunar en su persona la tradición europea con la aborigen, fue traductor de Virgilio al quechua, lector asiduo de los clásicos españoles y fiel seguidor de la oratoria barroca"[11]. Pero la admiración por este gran hombre, siguió traspasando las fronteras del siglo XVIII; ya en el XIX, uno de los más connotados filólogos y críticos de la literatura hispana y latinoamericana, el español Marcelino Menéndez Pelayo (1856-1912), cuando le cupo abordar la obra "Apologético en favor de Don Luis de Góngora", como síntesis de admiración por el sentido analítico de su autor, más no por el estilo culterano de la poesía, dejó dicho: "una perla caída en el muladar de la poesía culterana"[12]. Más adelante, desde la década de 1950, Espinosa Medrano es reconocido como el fundador de la crítica literaria latinoamericana (por el Apologético en favor de Don Luis de Góngora). Al respecto, Mabel Moraña nos dice: "Su figura ha sido entendida como

---

11   MATTO DE TURNER, Clorinda; Bocetos al lápiz de americanos célebres. Lima: Peter Bacigalupi, 1880.

12   MENENDEZ PELAYO, Marcelino; Historia de la poesía hispanoamericana. Tomo II. Alicante: Biblioteca virtual Miguel de Cervantes, 2008: 117.

'fundacional para la modernidad estética latinoamericana' (Roberto González Echeverría)[13].

3. Espinosa Medrano y sus obras literarias

Sobre este ilustre personaje se han ocupado grandes biógrafos, historiadores y expertos en Teoría y Crítica Literaria, como: José Antonio Rodríguez Garrido, Pedro Guibovich Pérez, Luís Jaime Cisneros, Augusto Tamayo Vargas, Julia Sabena, entre muchos otros. Ellos no solo concluyen encomiando la grandeza de su pensamiento filosófico, literario, crítico y religioso; sino también, sus habilidades y la disciplina en la administración de sus bienes y rentas, como demuestra Guibovich Pérez en " El Testamento e inventario de bienes de Espinosa Medrano"(1992); documento que no sólo muestra la magnitud de sus bienes y rentas, sino también, precisa la fecha y el año del fallecimiento, acaecido el día 22 de noviembre de 1688 y no el 13 de noviembre de 1688, como Esquivel y Navia dejara indicado.

Para complementar esta síntesis, más adelante se enumera las principales obras que Juan Espinosa

---

13 Echevarría, Roberto González (1993). La cría de Celestina: continuidades del Barroco en el español y en las Literaturas de América latina [El título original de esta obra está en Ingles, se ha traducido al español]. Duke University Press. ISBN 0822313715. Consultado el 27 de marzo de 2018.

Medrano produjo en su prolífica existencia; aclarando que en el descubrimiento de su Testamento, se supo que el "Lunarejo", además de donar su biblioteca personal al Colegio San Antonio, regaló documentos de producción suya a los albaceas, con el encargo de incinerar las poesías que colisionaban con la moral de aquellos tiempos. Leamos la siguiente transcripción: "Algunos papeles y quadernos en materias escolásticas y morales expositivas quantas se hallaren hago donación de ellas a mis albaceas rogándoles que los escritos que se hallaren en verso que no fueren mui morales y en loor de Dios y de sus santos las quemen luego" (Guibovich Pérez 1992:16).

1. *Apologético en favor de Don Luis de Góngora, príncipe de los poetas líricos de España, contra Manuel de Faria y Sousa, caballero portugués.* Texto finalizado en 1600 y publicado en Lima, imprenta de Juan de Quevedo y Zárate, 1694.

2. *La Novena Maravilla Nuevamente halladas en los Panegíricos Sagrados q en varias festividades dixo el Sor. Arcediano Dor Juan Espinosa Medrano Primer Canonigo Magistral Tesorero Chantre y finalmente Arcediano de la Cathedral del Cuzco en los*

Reynos del Pirú. Valladolid: por Joseph de Rueda, 1695.

3. *Philosophia Thomistica seu Cursus Philosophicus*, publicada en Roma en 1688 .

4. *Amar su propia muerte* (1650)

5. *El robo de Proserpina y sueño de Endimión (c.1650)* es uno de los autos sacramentales en quechua.

6. *El hijo pródigo (1657)*. Autosacramental en quechua, dramatiza la parábola del hijo pródigo en 1500 versos que se dividen en tres jornadas.

7. *Panegírica declamación por la protección de las ciencias y estudios.*

4. Espinosa Medrano en el contexto social criollo

El pensamiento de Juan Espinosa Medrano en la historia literaria de Latinoamérica y en particular del Perú, entre los entendidos en la materia y en el contexto histórico en el que les cupo vivir y opinar, ha originado proposiciones interpretativas encontradas. Como es lógico, empezó en pleno siglo XVII, cuando el uso del idioma y la escritura hispana, eran patrimonios exclusivos de la élite eclesiástica y virreinal dominante y, vedada para los naturales. La paradoja súbita que sorprende al mundo criollo, fue la aparición de un protagonista indígena, venido de un mundo ágrafo, sentenciado por el poder colonial a nunca conocer el idioma español, menos a leer y escribir. Es más, este protagonista, aparece dotado de conocimientos idiomáticos y lingüísticos latinos e hispanos, superiores al de los dueños del idioma. En tal contexto, este hecho fue un fenómeno cultural; históricamente casual, inédito y atrevido, que desafiaba a la política virreinal y eclesiástica. Nos atrevemos a decir, fue el primer desencuentro entre la cultura vencedora y vencida, nada comparable con casos como el del Inca Garcilaso de la Vega o Blas Valera, ambos de estirpe privilegiada, Juan Espinosa Medrano, no.

Desencuentro que por la naturaleza casual, especial y solitaria de la luminaria intelectual intrusa, la jerarquía criolla pensante de aquel entonces, en resguardo del *statu quo* establecido, tuvo que solucionar el impase biológico y cultural, silenciando el origen indígena en una biografía prácticamente "fabulada" del "Lunarejo", adscribiéndolo más bien, como intelectual criollo. Cuestión que por la intensa presión política, social y beneficios como riesgos, que la estirpe criolla obligaría a que el propio Espinosa Medrano, debió haber aceptado tales condicionamientos. Sin embargo, estos convencionalismos arreglados al interés de la ocasión, cuando extremas circunstancias afectan la intimidad de la naturaleza humana, hacen olvidar aquellos pactados y el hombre, reacciona como lo que es. Tal parece haber sucedido aquella fecha, cuando "El Lunarejo" desde el púlpito de su sermón, vio que una anciana indígena en su afán de acceder un espacio en la Catedral del Cusco, era desdeñada por la aristocracia criolla allí presente y, el oficiante tubo que reaccionar pronunciando esta reprimenda: "Señoras, den lugar a esa pobre india que es mi madre" Sobre el particular, según cuenta Esquivel y Navia, al escuchar estas frases, las señoras encopetadas, no tardaron en ofrecer sus sendos asientos. Más adelante, este incidente fue comentado también por Clorinda Matto de Turner y continuado por otros investigadores modernos. La tradición oral que de este incidente público se difundió en el Cusco, da cuenta que tras la reprimenda de la catedral, la aristocracia criolla, resentida por la llamada de atención, conocedora pero no manifestada del origen indígena de Juan Espinosa Medrano, en los círculos criollos del Cusco, soterradamente empezaron a propalar entre dientes esta frase: "Al doctor se le salió el indio". Frase que en el tiempo, quedó registrado como un anatema secular racista entre la sociedad criolla para denostar a lo indígena; herencia social que el desarrollo humano hasta hoy, aún no ha desterrado.

Lo dicho hasta aquí, resume que el indígena Juan Espinosa Medrano, para llegar hasta la cúspide de las letras hispanas del Perú, de Iberoamérica y aun de España, en su tiempo, transitó por una vía humana fragosa. Flagelado por la hostilidad racial, propia de una sociedad que se autoproclamaba superior. Juan Chancahuaña antes y después Juan Espinosa Medrano, llegó a este mundo, Calcauso, como un indiecito más, una cosa, patrimonio de un corregidor o de un cura; sin linaje familiar que lo abriera las puertas de la sociedad invasora, salvo su prodigiosa inteligencia y la casualidad, con las que más adelante, romperá las inexpugnables vallas de la opresión. Y razón tuvo su primer biógrafo, Fray Agustín Cortés de la Cruz, cuando en su prólogo comentado atrás, sintetizara la vida de este hombre en estas cortas, pero precisas palabras: "fue hijo de sus obras este nobilísimo ingenio". Y en efecto, con este patrimonio Juan Espinosa Medrano, hizo suyo del idioma; se empoderó del manejo de la palabra y la cultura escrita española, con las que conquistó el reconocimiento de la intelectualidad criolla virreinal e hispanoamericana durante los siglos XVII y XVIII.

5. Espinosa Medrano en la percepción de los literatos criollos tras la independencia

Desde la independencia, la percepción de la intelectualidad criolla en torno a Juan Espinosa Medrano y por su puesto de la misma literatura, cambió. Es verdad que la emancipación, no significó cambios estructurales para el país; pero en el discurso del pensamiento literario, la separación de lo español y lo criollo, fue evidente y drástica. Los pensadores criollos (liberales y neopositivistas) con algunas excepciones, celebraron la independencia literaria de España, en busca de la Americanización de la literatura y orgullosamente se autoproclamaron como Criollos; lo indígena, mantuvo su situación sometida y cosificada. Para demostrar lo afirmado, veamos los puntos de vista de renombrados pensadores criollos desde el inicio de la historia republicana. Por de pronto, José de la Riva Agüero, dice: "El sistema que para americanizar la literatura se remonta hasta los tiempos anteriores a la Conquista, y trata de hacer vivir poéticamente las civilizaciones quechua y azteca, y las ideas y los sentimientos de los aborígenes, me parece el más estrecho e infecundo. No debe llamársele americanismo sino exotismo. Ya lo han dicho Menéndez Pelayo, Rubio y Juan Valera; aquellas civilizaciones o semicivilizaciones murieron, se extinguieron, y no hay modo de reanudar su tradición, puesto que no dejaron literatura. Para los criollos de raza española, son extranjeras y peregrinas y nada nos liga con ellas; y extranjeras y peregrinas son también para los mestizos y los indios cultos, porque la educación que han recibido los ha europeizado por completo. Ninguno de ellos se encuentra en la situación de Garcilaso de la Vega"[14] Otro renombrado pensador criollo José Gálvez, sobre el mismo tema, dejó dicho: "la época de la Colonia no produjo sino imitadores serviles e inferiores de la literatura española y especialmente la gongórica de la que tomaron sólo lo hinchado y lo malo y que no tuvieron la comprensión ni el sentimiento del medio, exceptuando a Garcilaso, que sintió la naturaleza y a Caviedes que fue personalísimo en sus agudezas y que en ciertos aspectos de la vida nacional, en la malicia criolla, puede y debe ser considerado como el lejano antepasado de Segura, de Pardo, de Palma y de Paz Soldán."[15] Gálvez a la luz de esta cita, no hace sino, repetir cuanto Riva-Agüero tenía delineado como el primer referente de la literatura criolla al Inca Garcilaso de la Vega y cuando refiere (Gálvez) con la expresión gongórica,

---

14 José de la Riva Agüero, **Carácter de la Literatura del Perú Independiente**, Lima, 1905.
15 José Gálvez, Posibilidad de una genuina literatura nacional, p. 7

se dirigía a Juan Espinosa Medrano. Otro de los pensadores criollos más influyentes del Perú, cuyo pensamiento político sobre la realidad nacional aún se mantiene incólume, es sin duda, José Carlos Mariátegui; sobre el tema, guardando las distancias conceptuales con los anteriores, dejó dicho esto: "La mejor prueba de la irremediable mediocridad de la literatura de la Colonia la tenemos en que, después de Garcilaso, no ofrece ninguna original creación épica. La temática de los literatos de la Colonia es, generalmente, la misma de los literatos de España, y siendo repetición o continuación de ésta, se manifiesta siempre en retardo, por la distancia. El repertorio colonial se compone casi exclusivamente de títulos que a leguas acusan el eruditismo, el escolasticismo, el clasicismo trasnochado de los autores. Es un repertorio de rapsodias y ecos, si no de plagios. El acento más personal es, en efecto, el de Caviedes, que anuncia el gusto limeño por el tono festivo y burlón. El Lunarejo, no obstante su sangre indígena, sobresalió sólo como gongorista, esto es en una actitud característica de una literatura vieja que, agotado ya el renacimiento, llegó al barroquismo y al culteranismo. El Apologético en favor de Góngora desde este punto de vista, está dentro de la literatura española"[16]. En la cita que precede, Mariátegui prácticamente toma posición con el pensamiento criollo eurocéntrico y coincide con los antedichos referentes criollos, afirmando que en el Perú sólo existía una literatura criolla, sin considerar que el mundo indígena ágrafo, no tenía derechos para el conocimiento del idioma y letras hispanas, lo que no quiere decir que le indígena no tiene literatura; en otras palabras, un arcaísmo epistemológico occidental y bajo ese término conceptual, menosprecia la valía de Juan espinosa Medrano El Lunarejo. Sobre este tema Antonio Melis (2007) advierte esto: "Es obvio recordar que en la época de elaboración de los 7 *ensayos* los conocimientos sobre la producción literaria del período colonial estaban muy lejos de ser los que tenemos hoy. Sobre todo, faltaban muchos de los documentos que atestiguan la larga resistencia subterránea de los pueblos indígenas, en el terreno cultural también".[17]

---

16   José Carlos Mariátegui; Obras Completas Cronológicas Volumen 10, 7 Ensayos de Interpretación de la Realidad Peruana (5 de noviembre de 1928), p.156.

17   ANTONIO MELIS; MARIÁTEGUI FRENTE AL ESTUDIO DE UNA LITERATURA COLONIAL. Universidad de Siena (Italia), En Revista Iberoamericana, Vol. LXXIII, Núm. 220, Julio-Septiembre 2007, 487-496.

De modo que la lectura del pensamiento de las tres personalidades referentes de la literatura criolla del Perú, cada uno manteniendo sus referentes conceptuales, coinciden en sugerir que en el Perú, solo existían dos corrientes literarias: la española y la criolla. La primera, significaba el apego a la impronta española, consecuentemente rémora; en tanto la segunda, para superar a la española, tenía que desprenderse de los paradigmas obsoletos y Americanizar la literatura. En relación a la indígena, los tres pensadores coinciden en afirmar que son civilizaciones muertas, sin expresiones culturales.

La tesis criolla después de la independencia, en armonía a la corriente latinoamericana criolla imperante, fue la Americanización de la literatura; en el Perú, empezó estigmatizando los referentes de la literatura española. En ese marco conceptual, José de la Riva-Agüero, hace un estudio pormenorizado de los literatos criollos que según él, han aportado a la Americanización de la literatura o más propiamente la nacionalización de la literatura en el Perú. Empieza con el reconocimiento del Inca Garcilaso de la Vega y concluye con Eguren. Lo sorprendente es que Riva-Agüero, en esta su obra, excluye deliberadamente al indígena Juan Espinosa Medrano, como referente de la literatura criolla del

Perú. Esta exclusión sugiere entender la animadversión racial de Riva-Agüero, quien consecuente a su estirpe hispana, no podía concebir que un indígena como Juan Espinosa Medrano, sea el referente de la literatura criolla del Perú y de hispano américa. Para encubrir su displicencia a lo indígena, en esta su obra, ensalza de manera superlativa con una sugerente loa histórica al Inca Garcilaso de la Vega. José Carlos Mariátegui, sobre esta posición, con la agudeza que lo caracteriza, dice: "En opinión de Riva Agüero -opinión característica de un descendiente de la Conquista, de un heredero de la Colonia, para quien constituyen artículos de fe los juicios de los eruditos de la Corte"[18].

6. Espinosa Medrano en la percepción de la intelectualidad literaria actual.

Ahora, veamos la percepción de la intelectualidad literaria actual, dado que el tema central es la crítica criolla, sobre la fulguración literaria e histórica del indígena Juan Espinosa Medrano, no puedo dejar de mencionar la percepción de distinguidas

18 José Carlos Mariátegui; Obras Completas Cronológicas Volumen 10, 7 Ensayos de Interpretación de la Realidad Peruana (5 de noviembre de 1928), p.159.

personalidades del pensamiento literario de latinoamérica en estos tiempos. Empecemos con Mabel Moraña, ella desviste la umbría sombra que la intelectualidad criolla del Perú dejó cubierta a la figura de "El lunerejo"; nos dice: "Menéndez y Pelayo alabando la obra crítica de Juan de Espinosa Medrano, mestizo nacido en el repartimiento del Cusco, resalta su excepcionalidad, afirmando que su «Apologético en favor de don Luis de Góngora [es] una perla caída en el muladar de la poética culterana». Además Moraña, afianza la valía de Espinosa Medrano, sugiriendo como uno de los tres pensadores literarios más connotados de hispano-américa en su tiempo en estos términos: "En relación con esta problemática es que se define la obra de quienes son, probablemente, los tres escritores más importantes del periodo, en los virreinatos de Perú y de la Nueva España. Se trata de Juan de Espinosa Medrano, el Lunarejo, Carlos de Sigüenza y Góngora y sor Juana Inés de la Cruz, nombres ineludibles en la literatura del siglo XVII hispanoamericano. En tres estilos muy diferentes entre sí, estos tres escritores actualizan la naturaleza jánica del barroco hispanoamericano. Por un lado, en su obra el paradigma barroco da la cara a los rituales sociales y políticos del Imperio y se apropia de los códigos culturales metropolitanos como una forma simbólica de participación en los universales humanísticos del imperio. Por otro, esos intelectuales se articulan a través de sus textos a la realidad tensa y plural de la Colonia a la que ya perciben y expresan como un proceso cultural diferenciado, y utilizan el lenguaje imperial no sólo para hablar por sí mismos sino de sí mismos, de sus proyectos, expectativas y frustraciones"[19]. Además Mabel Moraña, demuestra el pensamiento crítico y la actitud contestataria de Espinosa Medrano, cuando este cuestiona desde donde se encontraba, jerarquías, circunstancias y tabúes, en asuntos de su competencia y dominio; algo inusual en un contexto eclesiástico y monárquico totalitario, es más, aceptado, respetado y admirado, tanto por las jerarquías, como en el contexto del pueblo. Igualmente Moraña, deja en claro la displicencia y el silencio consensuado de los intelectuales criollos del Perú de los novecientos sobre el indígena Juan Espinosa Medrano, al afirmar: "Su sofisticado discurso crítico no está exento, sin embargo, de nutridas referencias a la condición marginal del intelectual de Indias. El Apologético en favor de don Luis de Góngora se abre con el reconocimiento de

---

19   Mabel Moraña; *Barroco y conciencia criolla en Hispanoamérica*, Conferencia dictada en la Universidad de Stanford, el 23 de febrero de 1998, p.8.

su identidad periférica. En las palabras dedicadas al lector de la Lógica, indica: «Tarde parece que salgo a esta empresa: pero vivimos muy lejos los criollos y si no traen las alas del interés, perezosamente nos visitan las cosas de España»[20] Moraña, para reforzar sus conclusiones, transcribe en citas puntuales los juicios de Espinosa Medrano sobre cada caso, los mismos que a continuación referimos: "Ocios son estos que me permiten estudios más severos: pero ¿qué puede haber bueno en las Indias? ¿Qué puede haber que contente a los europeos, que desta suerte dudan? Sátiros nos juzgan, tritones nos presumen, que brutos de alma, en vano nos alientan a desmentirnos máscaras de humanidad"[21]. Moraña nos dice: "El Lunarejo reafirma la idea de que los americanos gozan del privilegio de habitar el polo antártico, que «está en lo alto del cielo, o sea que es la parte superior y a la vez la parte diestra» del Universo, e indica Espinosa: "Por consiguiente, los peruanos no hemos nacido en rincones oscuros y despreciables del mundo ni bajo aires más torpes, sino en un lugar aventajado de la tierra, donde sonríe un cielo mejor, por cuanto las partes superiores son preferibles a las

---

20   Mabel Moraña; Barroco y conciencia criolla en Hispanoamérica, Conferencia dictada en la Universidad de Stanford, el 23 de febrero de 1998, p.239
21   Juan de Espinosa Medrano, Apologético, p. 17.

inferiores y las diestras a las siniestras"[22]. Sigue citando Moraña a El Lunarejo: "Y se pregunta: Conque para los peruanos las estrellas son diestras, y sin embargo su fortuna es siniestra. Y ¿por qué? Sólo porque son superados por los europeos en un sólo astro, a saber, el augusto, óptimo y máximo rey Carlos [...] Alejados, pues, en el otro orbe, carecemos de aquel calor celestial con que el príncipe nutre, alienta, fomenta y hace florecer la excelencia y todas las artes. Así pues no basta merecer los premios, la gloria, los honores debidos a esta excelencia (los cuales hay que buscar prácticamente en las antípodas, y aun así llegan tarde o nunca); hay que ser argonautas también. Pero ésta es la vieja queja de los nuestros, y no cabe reiterarla aquí"[23].

Mabel Moraña demuestra que los críticos criollos del Perú, confundidos por la arrogancia de forjar una literatura nacional alejada de la tradición literaria hispana, no solo lo tipificaron a Juan Espinosa Medrano, como apéndice de la literatura española, sino, desmerecieron la elevada conciencia crítica en sus obras; es más, Moraña queda sorprendida con la posición de uno de los preclaros

---

22 Idem
23 Juan de Espinosa Medrano, *Apologético*, pp 326-327.

pensadores del Perú, José Carlos Mariátegui, quien guardando distancias con los críticos criollos de su tiempo, coincide en afirmar que El Lunarejo, pese a su condición indígena era un complemento de la literatura española. Al respecto Moraña, dice esto: "Se equivoca Mariátegui, por una vez, al interpretar que la literatura de la Colonia es «un repertorio de rapsodias y ecos, si no de plagios» y que textos como el Apologético están dentro de los parámetros canónicos de la literatura española"[24]

Por otra parte, Alessandro Martinengo (1930), profesor de Literatura Española del Siglo de Oro en la Universidad de Pisa, Italia, desde una perspectiva crítica actual, en un artículo ENTRE CAMOENS Y GÓNGORA: EL BESTIARIO SATÍRICO DE ESPINOSA MEDRANO, expone lo suyo y analiza el pensamiento de dos personalidades que en el siglo XVII causaron sensación en el mundo literario de España y Portugal. Se trata del portugués Manuel de Faría y Sousa, quien en 1639 publicó su obra Os Lusíadas, donde ensalza a Luís Vaz de Camões o Camoens y pone en tela de juicio a Luis de Góngora y Argote y del peruano indígena, Juan Espinosa Medrano. Este en respuesta, el año 1662 publica el

---

24 Mabel Moraña; Barroco y conciencia criolla en Hispanoamérica, Conferencia dictada en la Universidad de Stanford, el 23 de febrero de 1998, p.327.

Apologético en favor de D. Luis de Góngora, Príncipe de los poetas de España: Contra Manuel de Faria y Sousa…, donde desvirtúa los propósitos de Faría y Sousa. Al respecto, Martinengo dice esto: "Espinosa Medrano, mestizo nacido en Cuzco, Perú, en 1627 o 39 (no hay acuerdo entre los biógrafos), clérigo titular de varios oficios y cargos, rápida y brillantemente conseguidos, en la catedral de su ciudad natal (ascendió en pocos años de racionero a canónigo magistral y a arcediano), era hombre de formidables capacidades dialécticas, tanto en la oratoria sagrada (de cuño cultista) como en las controversias doctrinales y escolásticas. Y el Apologético, como anota acertadamente Luis Jaime Cisneros, tiene en efecto «estructura de sermón universitario», estando pensado «para una evidente audiencia de seminaristas». Audiencia a la que hay que convencer y comprometer a toda costa, hasta con las más capciosas argumentaciones jurídicas; porque de lo que en realidad se trata, en el caso concreto, es de traer a juicio a Faría y Sousa. No como un reo cualquiera: el Apologético abre proceso a quien se ha atrevido a enjuiciar a Góngora, es decir, a quien osó actuar como juez de las obras del andaluz sin tener los requisitos ni la calidad necesarios".

Hasta aquí, dos percepciones sobre un hecho histórico, es decir, la trascendencia de Juan Espinosa Medrano en la literatura hispanoamericana. El de los críticos literarios criollos del Perú, y, la percepción de personalidades de fulguración literaria de estos tiempos ajenos al Perú.

7. **Espinosa Medrano en la investigación literaria del Perú.**

En adelante, haré referencia apretada a una tercera posición; es decir, al esfuerzo de una pléyade de investigadores sobre la historia de la literatura peruana, quienes a diferencia de los criollos a ultranza, dejando atrás las reminiscencias decimonónicas y fieles al curso de la historia, se empeñaron en la investigación, sistematización, difusión, discusión y universalización de Juan Espinoza Medrano "El Lunarejo". Que a juicio de este autor, estos inquietos hombres, no son muchos, ni la brega que les cupo desplegar fue sencillo. Fácil no puede ser, revertir aquello que en pautas educativas y culturales de largo plazo, la República Aristocrática sin Indios, dejara instituida a un Perú, fracturado en criollos e indios. En ese contexto, el avance de las ciencias históricas que jalona el pensamiento humano, vino cribando a su paso a una pléyade de estudiosos que dedicaron tiempo y trabajo al estudio de Juan Espinosa Medrano y a quienes también para finalizar este ítems, sin más recomendación que sus valiosos aportes, me permito mencionar el nombre de cada uno con sus respectivas obras. Dado que el tema es preciso, viene al caso citar las palabras de Eduardo Hopkins Rodríguez, cuando la Pontifica Universidad Católica del Perú, rindiera su reconocimiento a Luís Jaime Cisneros Vizquerra, por sus cincuenta años de magisterio, en estos términos: "A partir de nuestro común interés y entusiasmo por escritores del Perú tan disímiles como Juan de Espinosa Medrano y Juan del Valle Caviedes, se inició una amistad que fue atrayéndome amablemente hacia la Universidad Católica".

Luís Jaime Cisneros Vizquerra (1921- 2011)

Sin duda, uno de los estudiosos más proficientes sobre Juan Espinosa Medrano, fue don Luis Jaime Cisneros Vizquerra, de su semblanza, mejor dejemos que José Antonio Mazzotti nos lo resuma: "Pocos son los maestros que han producido un impacto tan duradero y fecundo en numerosas generaciones de estudiantes e intelectuales como Luis Jaime Cisneros. Y muchos menos los que han hecho, además, múltiples y valiosas contribuciones en los campos de la literatura colonial, de la lingüística, del fortalecimiento de las instituciones culturales y de las prácticas democráticas. Al definir a una de esas poquísimas personas, el nombre de Luis Jaime Cisneros, pensador de amplitud admirable, surge con perfiles nítidos, inspirando solamente gratitud. (...) Luis Jaime Cisneros fue también responsable, el 2005, de la edición anotada (la más completa hasta ahora) del eruditísimo Apologético en favor de don Luis de Góngora (1662), del cuzqueño Juan Espinosa Medrano, El Lunarejo, obra maestra de barroco americano y clara sustentación de la alta calidad de los ingenios criollos. El prólogo de Cisneros es un emporio que resume décadas de investigación". A continuación, consigno algunas de las muchas investigaciones y obras producidas en torno a Juan Espinosa Medrano:

1. "Notas sobre la Miscelánea Austral de Diego Dávalos de Figueroa" (En Revista Histórica, XIX, 286-327). 1952, Lima.

2. "Sobre literatura virreinal peruana" (En Anuario de Estudios Americanos, XII, 219-252), 1955. Sevilla

3. "Espinosa Medrano, lector del Polifemo" (En Hueso Húmero, 7, 78-82) 1980, Lima.

4."Un ejercicio de estilo del Lunarejo" (En Lexis, VII, n. 1, 155-158), 1983 a. Lima.

5."Un cruce de Lecturas en Espinosa Medrano" (En Lexis, VII, n. 2, 311-314) 1983 b. Lima

6."Rasgos de oralidad en el Apologético de Espinosa Medra no" (En el Libro de Homenaje a Aurelio Miró Quesada S., en prensa) 1987. Lima.

7."Sobre Espinosa Medrano: predicador, músico y poeta", Cielo Abierto, X, 28, 1984, pp. 3-8.

8."La polémica Faria-Espinosa Medrano: planteamiento crítico", Lexis XI, 1, 1987, pp. 1-62.

9."Juan de Espinosa Medrano, un intelectual cuzqueño del Seiscientos. Nuevos datos biográfico", Cisneros, Luis Jaime y Guibovich, Pedro, Revista de Indias, XLVIII, 182-183, 1988, pp. 327-347.

10.«Un raro opúsculo del Lunarejo», Lexis, XIII, I, 1989, pp. 95-115.

Eduardo Hopkins Rodríguez

Doctor en Literatura Peruana y Latinoamericana (Universidad Nacional Mayor de San Marcos) Docente Ordinario – Pprincipal, Docente a Tiempo Completo (DTC) Departamento Académico de Humanidades –Sección Lingüística y Literatura

1. "Poética de Juan de Espinosa Medrano en el Apologético en favor de D. Luis de Góngora" (En Revista de Crítica Literaria Latinoamericana. Nos. 7-8) 1978, Lima.

2. "Imagen de don Luis de Góngora en el Apologético de Juan de Espinosa Medrano" (En Revista de la Universidad Católi ca/ nueva serie/, no. 11-12, 33-52), 1982. Lima.

3."En Recusación de la envidia en el Apologético en favor de don Luis de Góngora, de Juan de Espinosa Medrano". (pp. 523 - 534). 2007, UNAM.

4. "Las diseminaciones semánticas de la gula en Juan de Espinoza Medrano". Boletín de la Academia Peruana de la lengua (37). (pp. 53 - 71). 2004.

5. "En Problemática del receptor en Juan de Espinosa Medrano". EN: Homenaje Luis Jaime Cisneros. Lima: Fondo Editorial de la Pontificia Universidad Católica del Perú, 2002, pgs.973-1007.6.El mundo indígena en el teatro de Sor Juan Inés de la Cruz y Juan Espinosa Medrano

7. El humor en el APOLOGETICO DE JUAN ESPINOSA MEDRANO.

José A. Rodríguez Garrido

Ph. D. (Universidad de Princeton) Licenciado en Lingüística y Literatura con mención en Literatura Hispánica (Pontificia Universidad Católica del Perú) Docente Ordinario – Principal Docente a Tiempo Completo (DTC) Departamento Académico de Humanidades –Sección Lingüística y Literatura

1. "Aproximación a la oratoria sagrada de Espinosa Medrano" Boletín del Instituto Riva Agüero 15. 1988

2. "Los comentarios de Espinosa Medrano sobre hipérbaton gongorino" LEXIS, 12 2. 1988

3. Poder colonial y sermón barroco: La oración panegírica al Apóstol Santiago de Espinosa Medrano. Foro Hispánico. Pag. 115-129. 1992

4. "Espinosa Medrano la recepción del sermón barroco y la defensa de los americanos" Relecturas del barroco de Indias. Mabel Moraña (ed.) Hanover: Ediciones del Norte, Págs 149-172. 1994

5. "Retórica y tomismo en Espinosa Medrano". Lima Pontificia Universidad católica del Perú. Instituto Riva Agüero. 1994

6. "La defensa del tomismo por Espinosa Medrano en el Cuzco colonial". El pensamiento europeo y

cultura colonial, Karl Kohut y Sonia Rose (eds) Frankfurt: Vervuert/Iberoamaricana, pags. 115-136. 1997

7. "Poesía y ortodoxia en el Apologético (1662) de Espinosa Medrano" Caliópe: journal of the Society for Renaissance and Baroque Hispanic Society, 16-1: 9-26. 2010

8. Los rostros múltiples de Espinosa Medrano: agendas intelectuales y construcciones identitarias entre el siglo XVII y el siglo XXI, Pontificia Universidad Católica del Perú - Instituto Riva-Agüero.

9.La oratoria sagrada de Juan de Espinosa Medrano, Instituto Riva-Aguero (PUCP).

10.ESPINOSA MEDRANO, DRAMATURGO Y COLEGIAL DEL SEMINARIO DE SAN ANTONIO ABAD DEL CUZCO, Pontificia Universidad Católica del Perú.

Guibovich Pérez, Pedro Manuel

Doctor en Filosofía (Universidad de Columbia) Licenciado en Historia (Pontificia Universidad Católica del Perú) Docente Ordinario–Principal Docente a Tiempo Completo (DTC) Departamento Académico de Humanidades - Sección Historia de la Pontificia Universidad Católica del Perú y profesor auxiliar en la Universidad del Pacífico .

1."El testamento e inventario de bienes de Juan de Espinosa Medrano", Histórica, XVI, 1, pp. 1-31. 1992.

2."Como güelfos y gibelinos: los colegios de San Bernardo y San Antonio Abad en el Cuzco durante el siglo XVII", Revista de Indias, LXVI, 236, pp. 107-132, 2006.

3."A mayor gloria de Dios y de los hombres: el teatro escolar jesuita en el Virreinato del Perú", en El teatro en la Hispanoamérica colonial, ed. Ignacio Arellano y José Antonio Rodríguez Garrido, Madrid / Iberoamericana / Vervuert, pp. 35-50, 2008.

4.El Apologético de Espinosa Medrano y su contexto histórico, Lexis, XXIX/1, pp.97-109. 2005

5.Guibovich Pérez, Pedro y Domínguez Faura, Nicanor, «Para la biografía de Espinosa Medrano: dos cartas inéditas de 1666», Boletín del Instituto Riva Agüero, 27, pp. 219-242, 2000

6. Juan de Espinosa Medrano. El personaje y su contexto. En Dédalo Revista de Lingüística y Literatura. (1995).

CAPÍTULO III

JOSÉ MARÍA ARGUEDAS ALTAMIRANO

1. Síntesis biográfica

Uno de los más destacados escritores peruanos que sorteando difíciles circunstancias, sociales, culturales y políticas imperantes en el Perú de su tiempo, logró el reconocimiento del mundo literario, como uno de los pocos narradores indígenas del siglo XX, es sin duda, el apurimeño José María Arguedas Altamirano (Andahuaylas, 1911 - Lima, 1969).

Para ubicar a los lectores que por alguna causa, no están informados de la valía de este hombre de bien, hemos de perfilar muy sucintamente la vida y obras de este pensador, aclarando que los datos expresados en adelante, son una síntesis de las pesquisas de distinguidas personalidades que se han ocupado de esta difícil tarea.[25]

José María Arguedas Altamirano, nació en Andahuaylas (Apurímac) el 18 de enero de 1911. Su

---

25 Nota: Al respecto, léase a: PINILLA, Carmen María. *Arguedas, conocimiento y vida.* Lima, Pontificia Universidad Católica, 1994.

padre, Víctor Manuel Arguedas Arellano, pertenecía a la clase señorial del Cusco, quien en 1903 se recibió de abogado en la Universidad San Antonio Abad del Cusco. Su madre, señora Victoria Altamirano Navarro, igualmente descendiente de una familia criolla acomodada de Andahuaylas. La familia Arguedas-Altamirano, tras una corta vida hogareña en la ciudad de Andahuaylas, al ser nombrado el padre como juez en San Miguel, provincia de La Mar (Ayacucho) se disgrega perentoriamente el hogar y deja la ciudad de Andahuaylas. La madre, cuando esta ausencia ocurre, se encontraba gestando a su tercer hermano Pedro; José María, apenas tenía dos años, era el año 1913. Ironías de la vida, aquel año muere la madre. El padre, queda viudo con tres hijos; las circunstancias de la familia quebrada, hacen que su hijo mayor Arístides, quedara bajo el cuidado del padre, José María y Pedro, entregado a la abuela paterna, Teresa Arellano, quien vivía por entonces en Andahuaylas. Según versiones provenientes de antiguos residentes de Andahuaylas, el pequeño habría vivido más tiempo en la casa de su nodriza Doña Luisa Sedano Montoya, a quien en otra edad y circunstancia le escribirá cartas afectuosas[26].

---

26 Carta de J. M. Arguedas a Celia Bustamante, sin fecha, probablemente de abril de 1944. En PINILLA, Carmen María (Ed.),

En 1915 el padre de quien será después gran escritor, al ser nombrado Juez de primera instancia en la vecina provincia de Lucanas del departamento de Ayacucho, se traslada hacia aquel destino, donde poco después se casó con la hacendada de San Juan de Lucanas, Grimanesa Arangoitia Iturbi, viuda de Pacheco, enlace que ocurre el año 1917.

Poco después, el pequeño José María, viaja a Lucanas a integrarse a la nueva familia; luego, se instaló en Puquio, capital de aquella provincia. Pero, tras el ascenso de Augusto B. Leguía al poder del Perú en 1919, el padre, simpatizante del partido político contrario, es removido del cargo de Juez y tuvo que retomar el oficio de abogado litigante, para viajar por diferentes provincias en busca de causas que defender y ganarse ingresos.

Este prolongado alejamiento, apenas le permitía hacer visitas esporádicas a su familia. En esas largas ausencias, el niño José María, carente de protección paterna, es sujeto de maltratos continuos de la madrastra y hermanastro. El niño indefenso y huérfano, se refugia en el mundo de la servidumbre indígena, de quienes recibe cariño, ternura y toda su

---

Textos inéditos. Celia y alicia en la vida de José María Arguedas, Lima: PUCP, 2007, p. 123.

cultura. Asiste a la escuela privada de la localidad, del que el propio Arguedas, poco antes de morir, describe su vida en una carta a su hermano Arístides: *"Eso es todo, hermano. Tú sabes cómo ha sido nuestra vida, cómo por causas, algunas claras, mi permanencia en San Juan cuando era muy niño, mientras tú estabas en Puquio con papá, por mi infantilismo y sentimiento de gran orfandad, tú eras fuerte de carácter, yo me arrimé a los indios e indias y aprendí de ellos todo, o casi todo su maravilloso e indescriptible mundo. Yo canto como ellos, como ellos hablo, pero al mismo tiempo también sentí, desde Puquio hasta en todos los pueblos en que estuve con el viejo y en Lima, a la otra gente".*[27] En febrero de 1919, José María viaja por primera vez a la ciudad de Lima y tras una pequeña estadía con su hermano Arístides, quien cursaba sus estudios en el Colegio Guadalupe, regresa a Puquio. Al año siguiente, 1920, viaja por segunda vez a Lima; se reúne con Arístides y en esta oportunidad, ambos regresan a San Juan, pasando unos días en el puerto de Lomas en Nazca. Ya en San Juan, en julio de 1921, junto con su hermano mayor Arístides, huyen del hogar de la

---

27   Carta de J. M. Arguedas a Arístides Arguedas desde Valparaíso, del 18 de agosto de 1969. En PINILLA, Carmen María (Ed.), *Arguedas en familia. Cartas de José María Arguedas a Arístides y Nelly Arguedas, a Rosa Pozo Navarro y a Yolanda López Pozo*, Lima: PUCP, 1999, p. 285.

madrastra y se dirigieron a la hacienda Viseca, propiedad de su tío Manuel Perea Arellano, situada a 8 Km. De San Juan de Lucanas. Allí, vivieron dos años, igualmente en ausencia del padre y coexistiendo con los campesinos indios a quienes ayudaban en faenas agrícolas. Para José María, estos fueron los años más felices de su vida. Por entonces lee y memoriza el poema "Amor" de González Prada que apareció en un Almanaque Bristol. Esta primera lectura habría determinado su predilección por el romanticismo afín a su temperamento.

José María tiene 12 años en 1923, han pasado 6 años del abandono que sufrió tras la muerte de su madre. El padre, recoge a sus dos hijos de Viseca y los lleva a San Juan. En setiembre de este año, se dirigen a Ayacucho y luego regresan a Puquio. En abril de 1924, parte nuevamente Víctor Manuel con sus dos hijos a Nazca, Ica y Lima; en ese tránsito, recorrieron algo de 200 pueblos del ande. Regresan a Puquio y salen enseguida hacia el Cusco. En el Cusco, los dos hermanos visitan a Pedro, el hermano menor que fuera entregado en adopción y que vive interno en el colegio La Salle. Realizan esta visita a escondidas del padre. Pedro les ruega que lo lleven con ellos y con el padre, pero no pueden acceder a tal pedido. Este recuerdo también habría ahondado el sentimiento de inseguridad en José María: existe un hermano suyo abandonado que bien pudo haber sido él. Tener un padre no garantiza nada. Retornan del Cusco con destino a la ciudad de Abancay, donde se establecen e ingresan con su hermano Arístides al Colegio Miguel Grau, regentado por los Padres Mercedarios, en calidad de internos;   donde un primo de su padre: Humberto Acurio Arguedas, integra la plana docente. El padre, continúa su vida itinerante por un pequeño tiempo, para luego proponerse su afincamiento en Abancay; con este fin, abre su despacho de asuntos legales, además, es aceptado como profesor en el mismo colegio de sus hijos, dictando los cursos de Constitución e Historia del Perú. Luego de dos meses de trabajo, entiende que no hay perspectivas buenas en este pueblo. Parte hacia Chalhuanca, dejando en el internado a sus dos hijos. En 1924, cuando José María tiene 14 años, en compañía de Arístides, viajan de vacaciones a las haciendas: *Carqueki*, *Huanipaka* y El Triunfo del tío Manuel María Guillén; estando en los trapiches de "El Triunfo" donde fabricaban "aguardiente de caña" y chancaca, José María sufre la mutilación del dedo índice derecho. A este respecto, hay quienes afirman que la mutilación fue de los dedos índice y cordial.

En 1926, empezó sus estudios secundarios en un colegio de Ica, ciudad costera del Perú.

Su alejamiento del ambiente serrano donde su infancia estuvo moldeado de una vivencia poco contaminada de influencias foráneas es perturbada. Allí constató y sufrió en carne propia la marginación de los costeños hacia los serra-nos.

En 1928 se trasladó a la ciudad de Huancayo donde continuó sus estudios y se inició como escritor al colaborar con la revista estudiantil *Antorcha*.

En 1930 pasó una larga temporada en Yauyos al lado de su padre; paralelamente estudiaba en el Colegio Nuestra Señora de la Merced de Lima (1929-1930). En 1931 ya con 20 años de edad, se estableció formalmente en Lima e ingresó a la Facultad de Letras de la Universidad Nacional Mayor de San Marcos.

A raíz del fallecimiento de su padre, se vio forzado a trabajar como auxiliar en la Administración de correos.

En 1933 publicó su primer cuento: *Warma kuy ay*; en 1935 publicó *Agua* su primer libro de cuentos, que obtuvo el segundo premio de la revista Americana de Buenos Aires.

En 1936 ya restablecida la vida académica en la Universidad Nacional Mayor de San Marcos fundó con Augusto Tamayo Vargas, Alberto Tauro del Pino, José Alvarado Sánchez, Emilio Champión y otros, la revista *Palabra en defensa de la cultura*, en cuyas páginas se ve reflejada la ideo logía propugnada por José Carlos Mariátegui.

En 1937 fue apresado por participar en las protestas estudiantiles contra la visita de un general italiano Camarotta, jefe de una misión policial de la Italia fascista. Como consecuencia, fue encarcelado en el penal "El Sexto" de Lima, donde permaneció 8 meses.

En 1938, estando preso en el Sexto, entabla amistad con líderes apristas y comunistas; detalla en un diario personal lo acontecido en el Penal y esta, será la esencia de su futura novela *El sexto*. Escribe también *Canto Quechua*, texto compuesto de canciones como registros de memoria. Se enamora de Celia Bustamante, quien lo visitaba en El sexto como parte de su labor de "socorro rojo". A fines de 1938 es liberado de El sexto. Escribe por entonces el ensayo *"César Vallejo, el más grande poeta del Perú"* que publica en *Hoz y Martillo* y se inicia su colaboración con *La Prensa* de Buenos Aires donde escribirá regularmente hasta 1948. En 1939 publica el cuento *"El barranco"* y trabaja por poco tiempo con Julio C. Tello ganando 60.00 soles, no guarda gratos recuerdos de esta experiencia. Durante su permanencia en el Museo hace una versión castellana de los once meses del año de la obra *"Nueva Crónica y Buen Gobierno"* de Guamán Poma de Ayala. Luego publica *Runa Rupay*. Después fue nombrado profesor de castellano y geografía en el recientemente creado colegio Mateo Pumacahua de Sicuani-Cusco, con un sueldo de 255.00 soles.

El 30 de junio de 1940, se casa civilmente con Celia Bustamante Vernal y continúa realizando sus labores docentes en Sicuani; allí, se entusiasma con la capacidad artística de sus alumnos quechuahablantes y edita la revista *Pumaccahua* donde les publica poesías y crónicas. Recopila folklore y escribe artículos dando cuenta de los diversos elementos culturales de las poblaciones aledañas que visita sistemáticamente. En esta misma época, inicia y termina la redacción de su primera novela, *Yawar Fiesta*, y la presenta a un concurso internacional en Lima.

En 1941 a los 31 años de edad, regresa a vivir a Lima pues es llamado por Emilio Barrantes, director de la Reforma de Planes de Educación Secundaria, para integrar la Comisión de Reforma de Planes de la Educación Escolar. Sus expectativas se frustran por la ineficacia de la burocracia. José María y Celia, comparten su hogar con la hermana mayor de Celia, Alicia Bustamante. Esta de gran carácter e iniciativa, será quien organice la agenda social de la pareja. Arguedas expresó en una oportunidad que Celia y su hermana le abrieron las puertas del mundo social limeño.

En 1942, cuando tiene 32 años, ocurre la primera gran crisis depresiva, de la que según él, nunca más se curó. Consulta por primera vez a un especialista, al psiquiatra Enrique Encinas, recomendado por Julia Codesido. Este le diagnostica *surmenage*. No prospera su trabajo en el Ministerio de Educación y debe dictar clases en dos colegios nacionales. Ello lo desgasta y no le produce mayor satisfacción. Textualmente sobre este asunto dice:

"Yo no estoy muy bien en Lima. En el Ministerio me engañaron miserablemente. Me hicieron trabajar en una forma terrible; pues ante el compromiso magnífico de tener en nuestras manos la reforma de los programas, siete profesores jóvenes que fuimos seleccionados, trabajamos con un entusiasmo y un fervor que bien comprenderás. El ministro estuvo completamente de acuerdo con nosotros y creo que le contagiamos mucho de

nuestro fervor. Desgraciadamente, a última hora llamó como a "revisores" a ocho frailes y a los directores de algunos colegios particulares y a todos los de los colegios nacionales. Y aquello fue una olla de grillos. El trabajo nuestro fue desvirtuado y degenerado por obra de los frailes y de cuatro imbéciles que metieron allí su cuchara, y apenas si quedó algo de lo que habíamos hecho.

Como consecuencia no se creó el organismo técnico que se había planeado y a mí me largaron al "Alfonso Ugarte" con un sueldo exactamente igual al que ganaba en Sicuani. Y estoy ahora, alentado por mil promesas de Villanueva para el año entrante y con un sueldo miserable hasta entonces."[28]

En 1943 a los 32 años de edad, consigue ser contratado como profesor de castellano en el colegio Guadalupe. Nuevamente se ve obligado a solicitar licencia por enfermedad. Sigue publicando artículos en *La Prensa* de Buenos Aires y escribe una carta afectuosa a sus ex alumnos de Sicuani. En 1945 decide inscribirse en el recientemente fundado Instituto de Etnología de la Universidad San Marcos. Su cuñada Alicia, ha sido nombrada

---

28 Carta de José María Arguedas a Arístides Arguedas, del 19 de noviembre de 1942. En PINILLA C, Carmen María: *Arguedas en Familia... Op. Cit.;* p. 150.

asistenta de José Sabogal en el Museo de la Cultura Peruana. Ocho años más tarde, Arguedas dirigirá el Instituto de Etnología perteneciente a dicho Museo. En 1947 es contratado para trabajar en la sección folklore del Ministerio de Educación. Desde allí inicia una encomiable labor de rescate y recopilación de expresiones artísticas de la tradición andina. Logra formar un gran archivo y publica dos importantes volúmenes de cuentos y canciones quechuas. En 1949, siendo aún alumno del Instituto de Etnología, viaja a Tupe. Publica *Canciones y Cuentos del pueblo quechua*. Se queda sin dictado de clases y su situación económica se hace apremiante. En 1950 concluye los estudios de Antropología, le promueven a Jefe de la Sección Folklore Bellas Artes y Despacho, recientemente creada en el Ministerio de Educación. Dicta el curso de "Etnología" en el Instituto Pedagógico Nacional de Varones

En 1951 le invitan a la reunión de expertos en trabajo indígena, organizada por la OIT en La Paz; a este evento, le acompaña Celia.

En 1952 realiza trabajos de recopilación folklórica en el valle del Mantaro. Con dicho material publica *Cuentos mágico-realistas y canciones de fiestas tradicionales del valle del Mantaro. Provincias de*

Jauja y Concepción. Cuando tiene 42 años de edad, en 1953, es nombrado Jefe el Instituto de Estudios Etnológicos del Museo de la Cultura Peruana, cargo que ocupará hasta 1963. Un tema recurrente en sus investigaciones, y en su vida, será el de las comunidades del valle del Mantaro. Su modernización y pujanza, le devolvieron la fe en el futuro de la cultura andina. Al respecto, concluye: *"Ninguna región de la sierra ha fortalecido tanto su personalidad cultural como el valle del Mantaro [...] Sin la aparición del caso del Alto Mantaro nuestra visión del Perú andino sería aún amarga y pesimista."*[29]

Termina la novela corta *Diamantes y Pedernales*, la presenta al Premio de Fomento a la Cultura de 1953; es declarado desierto y le produce amargura. Seguidamente es nombrado Secretario del Comité Interamericano de Folklore, con sede en el Perú –que forma parte de la Comisión de Historia del Instituto Panamericano de Geografía e Historia radicado en México-, edita la revista *Folklore Americano* en la que participa con artículos, comentarios y reseñas.

En 1954 publica el cuento *"Orovilca"* inspirado en las experiencias vividas cuando estudiaba en Ica.

---

29 ARGUEDAS, José María. "La sierra en el proceso de la cultura peruana". *La Prensa,* Lima, 29 de setiembre de 1953.

Entre los 43 y 44 años de edad (1954 y 1955), haciendo labor de recopilación etnológica en la sierra Central, distanciado de su esposa Celia, se enamora, en Apata, de una profesora, Vilma Ponce, con quien vive apasionado romance[30]. Vilma da a luz una bebe que es bautizada en Lima. Arguedas la inscribe como hija suya; al final, terceras personas intervienen e inducen a dudar de su paternidad. Acaba reconciliándose con su esposa. En 1955 publicó el cuento *"La muerte de los hermanos Arango"* que gana el premio convocado por el diario *El Nacional,* de México. En 1957 publica el cuento *"Hijo solo"*. Obtiene el grado de Bachiller en Etnología con la tesis "La evolución de las comunidades indígenas", del valle del Mantaro. Conoce a su hermana Nelly quien desde entonces se convierte en fuente de amor y ternura. En 1958 su novela *Los ríos profundos* es publicada por la prestigiosa editorial Losada (Iberoargentina) y alcanza gran éxito. Elogiosos comentarios de la crítica le confieren el tratamiento considerado que la sociedad otorga al buen escritor. Según el antropólogo José Matos Mar, esta novela le confiere su "carta de ciudadanía".[31] Celia apoya a conseguir

---

30 Véase glosa de la carta de Arguedas a Vilma en: Núñez Murillo, Gabriela: José María Arguedas a través de sus cartas, 1° ed. Lima: CELACP, Latinoamericana Editores, 2018, 242-182.

31 José Matos Mar (Comunicación personal del 9 de noviembre de 1988).

una beca de UNESCO para realizar investigaciones en Europa; pasan 10 meses entre España y Francia, estudiando las comunidades de Castilla, consultando archivos y dando conferencias. En España se reúne con Celia y Alicia. En 1959, de regreso a Lima, reemplaza interinamente a José Matos Mar en la Jefatura del Instituto de Estudios Etnológicos de San Marcos; gana el Premio Nacional de Fomento a la Cultura "Ricardo Palma" con su novela *Los ríos profundos*.

En 1960 a los 49 años de edad, inicia la redacción de su tercera novela, *El sexto*; empieza también la composición de poesías en quechua y castellano. Viaja a Buenos Aires al Tercer Festival del Libro Americano. En 1961, a los 50 años, publica *El Sexto*, y al año siguiente gana nuevamente el premio "Ricardo Palma". En 1962 la Universidad Nacional Agraria La Molina le contrata como profesor a tiempo parcial. Desde entonces se orienta progresivamente hacia esta universidad, aunque sigue dictando en el Departamento de Etnología de San Marcos, en calidad de simple profesor auxiliar. Participa en el Primer Coloquio de Escritores Iberoamericanos y Alemanes, realizado en Berlín. Ese año publica *La agonía de Rasu Ñiti*. En asuntos de su salud, consulta por primera vez a la psicoterapista chilena, Lola Hoffmann, con quien no perderá contacto hasta su muerte. En sus cartas la llamará "Mama Lola". La terapia le obliga realizar constantes viajes a Santiago, donde Hoffmann la atiende. Vive en Santiago un breve idilio con la esposa de un diplomático. "No sé por qué siempre me enamoro de las esposas de mis amigos" expresó en una oportunidad.[32] El amor y lo prohibido parecen asociarse en Arguedas. Ese mismo año, conoce en Santiago a Sybila Arredondo Ladrón de Guevara. En 1963, a los 52 años, después de diez años, deja el puesto de director del Instituto de Etnología y es nombrado Director del Museo de Antropología. Es cada vez más solicitado en los medios intelectuales nacionales y extranjeros.

En 1963 Fernando Belaúnde, lo nombra Director de la Casa de la Cultura, dependiente del Ministerio de Educación, cartera a cargo de su amigo el filósofo Francisco Miro Quesada. Recibe el "Certificado de Mérito" de la Fundación W. Faulkner por su novela *Los ríos profundos*. Obtiene el doctorado en Etnología con la tesis "Las comunidades de España y del Perú". Como Director de la Casa de la Cultura edita *Cultura y Pueblo*, revista de divulgación masiva. Recibe las Palmas Magisteriales. Es nombrado Director del Museo Nacional de Historia;

---

32   Pedro León Montalbán (Comunicación personal del 24 de marzo de 1999).

desde este puesto trata de llamar la atención sobre la importancia de los museos en la formación cultural de los pueblos. Viaja a México a la inauguración de varios Museos. Escribe el cuento *"El forastero"*. Publica su tercera novela: *Todas las sangres*.

En 1965, asiste al "Coloquio de escritores" en Génova; este mismo año viaja por primera vez a Estados Unidos invitado por el Departamento de Estado para dictar conferencias en ese país. En su vida sentimental, se separa de su esposa Celia Bustamante y en la literaria, participa en el Primer Encuentro de Narradores Peruanos en Arequipa; a su retorno, en junio de aquel año, asiste a la Mesa Redonda sobre *Todas las sangres* realizada en el IEP; aquí, se somete a una inquisición literaria criolla y recibe críticas mal intencionadas de "literatos" y "científicos sociales" sobre su novela; advierte además que sus colegas no comparten con él una alta valoración por los pobladores andinos; tampoco aprecian el conocimiento vivencial que él posee respecto a la realidad social andina.[33]

En julio de 1966 escribe en quechua una poesía dirigida a los pseudo "doctores" que tituló "Llamado

---

33 Ver pormenores de este evento en PINILLA, Carmen María, *Arguedas: conocimiento y vida*, Lima: PUCP, 1993.

a algunos doctores". Publica además, el cuento *El sueño del pongo*, y otra poesía: "Oda al Jet". En abril de 1966, a los 55 años, ocurre el primer intento de suicidio. El portero del Museo lo encuentra en su oficina y lo trasladan al Hospital del empleado: Sybila, Celia, edecanes y ministros, lo visitan. Publica el primer capítulo de su novela *Harina mundo* (que luego se transformará en *El zorro de arriba y el zorro de abajo*). También publica *Dioses y hombres de Huarochirí* y el poema *"Katatay"*.

En 1967 es invitado como jurado al concurso folklórico de Puno en la semana de la Virgen de la Candelaria. Luego asiste al II Congreso Latinoamericano de Escritores de Guadalajara. Igualmente aquel año, viaja a Chile invitado al Congreso Internacional de Escritores; en setiembre de ese año, asiste a un Congreso de Antropólogos en Viena. Se casa con Sybila Arredondo en la Municipalidad de Miraflores. Publica *Amor mundo y otros relatos*. En la Universidad Nacional Agraria, es elevado a la categoría de profesor principal.

En 1968, lo promueven a Jefe del Departamento de sociología de esta misma universidad. Publica su tesis *Las comunidades de España y del Perú*. Viaja a Cuba para integrar el Jurado de los premios de la "Casa de las Américas". Obtiene en Lima el Premio

Garcilaso de la Vega. Ese año también su ex cuñada Alicia, muere de una enfermedad degenerativa; aun así, trata de acabar *El zorro de arriba y el zorro de abajo*. Finaliza la novela con su propia muerte. A fines de este año, el 28 de noviembre, en la Universidad Agraria se disparó en la sien izquierda. Murió el 2 de diciembre. Además de escribir cartas de despedida en las que señala el modo como quería fuese su entierro, deja indicaciones sobre la publicación de su última novela. En 1971, la Editorial Losada publica póstumamente *El zorro de arriba y el zorro de abajo*.

2. La simbiosis de la voz indígena y las letras opresoras en el mundo indígena

José María Arguedas Altamirano, desde su temprana edad, dedicó su existencia demostrando al mundo, la calidad humana del pueblo indígena, cautivo y sometido por el Estado criollo. Su constante y sacrificado tesón en este afán, le caracteriza como un hombre extraordinario. Como dicho está atrás, desde su tierna edad, fue víctima de la miseria humana de una élite criolla en decadencia, y en oportuna circunstancia acogido por el cálido y solidario regazo de un pueblo indígena, por quienes dio su vida. Dejemos mejor a él que nos diga de cómo se integró al regazo del mundo indígena: "llegué a tener sangre indígena a través de ellos. Comprendí por qué el indígena se siente superior al blanco: porque se da cuenta de que es él quien trabaja; el blanco enfermizo, perezoso, sólo recoge el fruto de su labor. ¿Qué sería del hombre blanco sin el indio?"[34] Cuando metafóricamente asume poseer sangre indígena, al margen de su raíz genotípica, se reconoce como heredero vivo y practicante de la calidad humana indígena; creyente del mundo cósmico en simbiosis con la percepción occidental y respetuoso de la armonía que establece la naturaleza para la vida. Su pensamiento, espiritualidad y acción, lo sitúa en ese mundo incluyente y es este pensamiento el que fluye en todas sus obras literarias, ensayísticas e investigaciones antropológicas. Para dejar en claro su posición indígena frente a la de los intelectuales criollos, enfáticamente dice: "Yo no soy un aculturado, yo soy un peruano que orgullosamente, como un demonio feliz, habla en cristiano y en indio, en español y en quechua"[35] .

El primer elemento integrador de José María Arguedas en su vida germinal al mundo originario,

---

34 Citado en Julio Flores, "José María Arguedas, una experiencia sin paralelo", Humboldt, No. 68, 1979, p. 46
35 Arguedas, José María. "No soy un aculturado". En El zorro de arriba y el zorro de abajo. Buenos Aires : Ed. Losada,1975, p. 282.

fue sin duda la calidez humana del indígena, asociada al idioma Quechua, con los que supo expresar sus pensamientos y acciones desde los primeros años de su vida, en un entorno social criollo deprimente. Parafraseando a M.A. Huamán, el lenguaje es universalmente aceptado como el instrumento elemental por cuyo medio el hombre percibe los valores de su cultura y refleja así la comunidad donde se usa[36]. De esa premisa, Arguedas Altamirano resume así, "Yo no tuve necesidad de hablar el castellano hasta los siete años de edad. En la vastísima región en que pasé mi niñez y adolescencia no era imprescindible. El setenta por ciento de los cinco millones de habitantes de esa zona inmensa -¡un mundo!- había únicamente el quechua y el treinta por ciento es bilingüe. No es posible desarrollar un ahora (1957) ninguna actividad importante en la sierra central y del sur si no se domina el quechua"[37].

De cómo se fue integrando a la oralidad literaria ancestral y hacer suyo las manifestaciones histórico-míticas y culturales del mundo en el que le cupo vivir, nos dice lo siguiente: "Creo que al escuchar los cuentos quechuas que eran narrados

---

36 Miguel Ángel, Huamán, "Utopía de una lengua". Encuentro y debate. Madrid: SUR, VI, 1993, núm. 10/11, p. 204.
37 J.M. Arguedas, "Canciones quechuas", Casa de las Américas, Volumen 9, No. 9, 1957, p. 30.

por algunas mujeres y hombres muy queridos en los pueblos de San Juan de Lucanas y Puquio, influyó en mí especialmente la belleza de las canciones quechuas que aprendí durante la niñez. Debí tener 6 ó 7 años cuando ya cantaba en "Huaynos"[38]. De modo que José María Arguedas, establece una relación clara y lógica entre el pensar, sentir, el hablar y escribir; entre el pensar, sentir, hablar y escribir como indígena, en un idioma prestado y sobre todo, ser entendido universalmente, esa es la tarea titánica que a Arguedas le cupo lograr; desde luego que para este logro, mucho le valió el conocimiento y manejo del idioma español. Guardando las distancias de tiempo, circunstancias y contextos históricos, entre el Inca Garcilaso de la Vega, Blas Valera, Huaman Poma de Ayala, Juan Espinosa Medrano y José María Arguedas, existe un ducto comunicante por donde fluye la inextinguible sabia de una cultura milenaria que muestra al mundo su presencia viva. Arguedas, en este proceso de la cadena comunicativa, la forma de la lengua es portadora de importantes mensajes sobre la cultura y el modo de concebir el mundo de un pueblo[39]. Precisamente aquí radica el carácter retrógrado del

---

38 Citado en Julio Flores, "José María Arguedas, una experiencia sin paralelo", Humboldt, No. 68,1979, p. 46

39 Citado en Julio Flores, "José María Arguedas, una experiencia sin paralelo", Humboldt, No. 68, 1979, p. 46

Estado criollo, que durante cerca de 200 años, por mantener protervos intereses de élite, se empeñó en extinguir el idioma Quechua y privar de la educación a las poblaciones originarias y mestizas.

Arguedas, conocedor de las lenguas, el Quechua y el Español, relacionando la importancia de la lengua en la cultura, reflexiona sobre su lengua nativa así: "Los que hablamos este idioma sabemos que el Kechwa supera al castellano en la expresión de algunos sentimientos que son los más característicos del corazón indígena: la ternura, el cariño, el amor a la naturaleza. El kechwa logra expresar todas las emociones con igual o mayor intensidad que el castellano. Los mismos principales, despreciadores del indio, cuando sienten una gran emoción dejan el castellano para hablar el quechua, y en ese rato se desahogan con más violencia, como quien habla con sus propias palabras."[40] Esta caracterización precisada por José María Arguedas, podemos constatar al leer cualesquiera de sus obras literarias, las que por razones obvias no las cito todas, desde: Agua-Los escoleros- Warma Kuyay (1935), Los Ríos Profundos (1958), hasta Todas las sangres (1964).

---

40 Arguedas, José María. "Ensayo sobre la capacidad de creación artística del pueblo indio y mestizo". En Nosotros, los maestros. Lima : Horizonte, 1986, p. 61.

Arguedas se empeñó inmensamente en crear un nuevo lenguaje literario que expresara fielmente la sensibilidad del habla, y por consiguiente, la mentalidad de un hablante quechua.

En tiempos actuales se considera el discurso literario de Arguedas, gracias a su inusitada belleza, sonoridad y originalidad como un hecho exclusivo no sólo artístico, sino también como un vínculo simbólico que une y comunica dos civilizaciones en conflicto en una única comunidad pulsante[41] pero que dejando atrás las héridas infligidas en el pasado, reclama ser entendido y obliga abolir ese contexto "nacional criollo" y excluyente, que dejó lacrado a la población indígena, mestiza y criolla empobrecida en la iletralidad. Es más, Arguedas nos dice cuánto hizo al respecto: "... intenté convertir en lenguaje escrito lo que era como individuo: un vínculo vivo, fuerte, capaz de universalizarse, de la gran nación cercada y la parte generosa, humana de los opresores. (...) el caudal de las dos naciones se podía y debía unir"[42]. La tarea de José María Arguedas fue titánica y titánica es, amalgamar dos universos

---

41 Jana Hermuthová; El discurso experimental arguediano en JOSÉ MARÍA ARGUEDAS EN EL CORAZÓN DE EUROPA, Universidad Carolina de Praga, Facultad de Filosofía y Letras; Praga 2004, p.31

42 Cita de: Jana Hermuthová en, El discurso experimental arguediano en JOSÉ MARÍA ARGUEDAS EN EL CORAZÓN DE EUROPA, Universidad Carolina de Praga, Facultad de Filosofía y Letras; Praga 2004, p.45

lingüísticos y culturales históricamente encontrados: el quechua de los vencidos y el español de los opresores; este último, un idioma-herramienta, solo para cumplir órdenes del poderoso y el quechua, para subsistir y preservar la cultura oral en un contexto de sumisión. En tales condiciones, estableció vínculos idiomáticos comunes entre los dos, una simbiosis como unidad lingüística, válida para la comunicación de las dos culturas en cuestión. Veamos cómo explica Arguedas este asunto: "¿En qué idioma se debía hacer hablar a los indios en la literatura? Para el bilingüe, para quien aprendió a hablar en quechua, resulta imposible, de pronto, hacerlos hablar en castellano; en cambio quien no los conoce a través de la niñez, de la experiencia profunda, puede quizá concebirlos expresándose en castellano. Yo resolví el problema creándoles un lenguaje castellano especial, que después ha sido empleado con horrible exageración en trabajos ajenos. (Pero los indios no hablan en ese castellano ni con los de lengua española ni mucho menos entre ellos! Es una ficción. Los indios hablan en quechua. Toda la sierra del sur y del centro, con excepción de algunas ciudades, es de habla quechua total. Los que van de otras regiones a residir en las aldeas y pueblos del sur tienen que aprender el quechua: es una necesidad ineludible. Es pues falso y horrendo presentar a los indios hablando en el castellano de los sirvientes quechuas aclimatados en la capital. Yo, ahora, tras dieciocho años de esfuerzos, estoy intentando una traducción castellana de los diálogos de los indios. La primera solución fue la de crearles un lenguaje sobre el fundamento de las palabras castellanas incorporadas al quechua y el elemental castellano que alcanzan a saber algunos indios en sus propias aldeas. La novela realista, al parecer, no tenía otro camino"[43] .

3. La visión de Arguedas y la realidad actual del mundo indígena

La secular exclusión de las poblaciones originarias en las políticas culturales y educativas del Perú, tanto en la colonia, como en la República, sin duda, es la causante del ignominioso atraso, que José María Arguedas en su tiempo ya dejó cuestionado. Más grave aún, constatar que en la actualidad, la exclusión subsiste con mayor intensidad. Pese a esta marginación, sujetas al vaivén de la sucesión oral las lenguas originarias, por instinto de supervivencia,

---

43 José María Arguedas, La novela y el problema de la expresión literaria en el Perú, en José María Arguedas, Una recuperación indigenista del mundo peruano (antología de José Carlos Rovira), Barcelona, Anthropos (suplemento 31), 1992, pág.34.

coexisten todavía sometidas a un proceso de extinción dirigida, asociada al éxodo de las familias indígenas, mestizas y criollas empobrecidas hacia las grandes ciudades. Aun así, las manifestaciones culturales milenarias, continúan su curso.

Después de 50 años de la muerte de Arguedas, el resultado tangible del largo proceso de migración de las poblaciones originarias y su consecuente extinción cultural, percibidas por Arguedas, nos lo da el Censo Nacional de Población del 2007. Al respecto este autor ha tomado este referente censal, al no contar aún con los resultados del Censo de 2017. En estos datos, dentro del disfraz de la generalidad nacional, se nos muestra que el castellano, es el idioma que la mayoría de la población peruana ha aprendido en su niñez y en cifras, este panorama sería el siguiente: El 83,9 por ciento de la población de 5 y más años de edad, manifestaron haber aprendido el castellano en su niñez; el 13,2 por ciento aprendió Quechua, el 1,8 por ciento, Aymara y el 0,9 por ciento aprendió otra lengua nativa. Comparando estos resultados con los registros de su similar el Censo de 1993, el porcentaje de la población que declaró haber aprendido Castellano en su niñez, aumentó en 3,6 puntos porcentuales: pasó de 80,3 por ciento (15 millones 405 mil 14 personas) a 83,9 por ciento (20 millones 718 mil 227 personas) en el 2007. Contrariamente, los que declararon al Quechua como idioma aprendido en la niñez, disminuyó en 3,3 puntos porcentuales: del 16,6 por ciento obtenido en el Censo de 1993, bajó al 13,2 por ciento (3 millones 261 mil 750 personas) en el 2007. Asimismo, disminuyó en 0,5 puntos porcentuales la población que manifestó haber aprendido Aymara en su niñez, de 2,3 por ciento (440 mil 380 personas) en 1993 a 1,8 por ciento (434 mil 370 personas) en el 2007[44].

Sin lugar a discusión, para la aparente extinción del habla originaria, el factor compulsivo es la imposición de un idioma extraño que es el castellano en las políticas educativas nacionales, asociadas a la exclusión social y la migración con destino al entorno urbano.

Los datos que se acaba de exponer, están referidos a la población nacional en conjunto y esta, por su naturaleza global, disfraza realidades profundamente paradójicas y preocupantes para las poblaciones de lenguas originarias frente a la hegemonía del idioma imperante, el español. A efectos de demostrar estas grandes fisuras,

---

44 *Perfil Sociodemográfico del Perú*, INEI: Censos Nacionales: XI de Población y VI de Vivienda, 2da. Edic. Lima, agosto 2008.pp. 117,118

desagreguemos por departamentos los resultados censales nacionales. El censo nos dice que el mayor porcentaje de habitantes del Perú que hablan el español, prácticamente están concentrados en veinte departamentos. En diez de ellos: Piura, Tumbes, La Libertad, Cajamarca, San Martín, Lambayeque, Ica, Provincia Constitucional del Callao, Lima y Loreto, más del 90,0 por ciento de su población declaran al Castellano como lengua aprendida en su niñez. Y paradójicamente, sólo el 13.2 por ciento de peruanos, asentados en ciertos departamentos estarían hablando el Quechua y, apenas el 2.7 por ciento otras lenguas originarias, incluyendo el Aymara. Conclusión que confirmaría que los idiomas originarios prácticamente se encuentran en proceso de extinción.

En adelante, veamos de cómo esa generalidad censal "nacional", oculta una trampa letal y constituye un mecanismo brutal que activa ese lingüicidio que empezó en la república aristocrática sin indios de modo dirigido. Este modesto 13.2 por ciento de quechuahablantes, son la mayoría de los pueblos regionales y/o departamentales, que son excluidos en sus derechos más elementales. Al respecto, los datos del mismo Censo de 2007[45]

---

45 *Perfil Sociodemográfico del Perú,* INEI: Censos Nacionales: XI de Población y VI de Vivienda, 2da. Edic. Lima, agosto 2008. Cuadro N°2.30

indican que no hay departamento o región en el Perú, donde no se hable el Quechua, claro está, en unos en mayor y en otros en menor porcentaje. Consecuentemente, esta es una lengua nacional. Los departamentos donde el Quechua es mayoría absoluta y el español es una lengua marginal, son los siguientes: En el departamento de Apurímac, el 71,5 por ciento de su población, tiene como idioma principal el Quechua; en Huancavelica, el 64,6 por ciento es quechuahablante. En Ayacucho, el 63,9 por ciento de la población habla el Quechua como idioma principal. En el departamento del Cusco el 52,0 por ciento de la población tiene como idioma principal el Quechua. En el Departamento de Puno, el 38,5 por ciento de la población es quechuahablante. En Áncash, el 31,6 por ciento de la población tiene como idioma madre el Quechua; en Huánuco, el 28,9 por ciento de la población es quechuablante; en Madre de Dios, 17.3% es quechuahablante; en Arequipa, el 15.2 por ciento es quechuahablante (son los departamentos más resaltantes); en Moquegua, el 9.8 por ciento de su población tiene como idioma madre al Quechua. Asimismo, los departamentos donde además se habla el aymara son: el 27,5 por ciento en Puno, el 17,1 por ciento en Tacna y en Moquegua el 11,1 por ciento. En tanto, el 3,9 por ciento de la población de

Ucayali, el 3,1 por ciento de Junín y el 2,3 por ciento de Pasco tienen como lengua aprendida en la niñez al Asháninka. El 6,4 por ciento de la población de Loreto, el 6,5 por ciento de Ucayali y el 14,1 por ciento de Amazonas reportaron otra lengua nativa[46].

Cinco son los departamentos donde el Quechua, es el idioma mayoritario de la población total. Apurímac (71.5 por ciento) Puno (66.0 por ciento, incluye el Aymara), Huancavelica (64.6 por ciento), Ayacucho (63.9 por ciento) y Cusco (52 por ciento).,Dado que el departamento de Apurímac, según el censo de 2007 tiene más quechua-hablantes y, considerando que la generalidad departamental es igualmente engañosa y análoga a la nacional, se analiza como muestra la situación de algunos distritos, de dos de sus provincias: Grau y Cotabambas. La situación es esta: En la Provincia Grau, distrito Huayllati, el 90.74 por ciento de la población tiene como idioma principal el Quechua y apenas el 8.73 por ciento conoce el español; en Curpahuasi, el 92.62 por ciento de su población habla el Quechua como idioma principal y apenas el 7.2 por ciento habla el español; en Mariscal Gamarra el 91.90 por ciento de la población tiene

---

46 *Perfil Sociodemográfico del Perú*, INEI: Censos Nacionales: XI de Población y VI de Vivienda, 2da. Edic. Lima, agosto 2008.p.119

como idioma principal el Quechua y escasamente el 7.4 por ciento habla el español; en Micaela Bastidas el 94.16 por ciento es Quechuablante y sólo 5.32 por ciento el español; en Curasco, el 93.54 por ciento de la población tiene como lengua principal el Quechua y el 6.17 por ciento el español. En la provincia Cotabambas, distrito Tambobamba (distrito capital de provincia) el 89.70 por ciento habla el Quechua como su idioma y apenas el 10.11 por ciento el español; en el distrito Cotabambas, 90.26 por ciento habla Quechua desde nacimiento y el 9.58 por ciento el español; en el distrito Haquira, el 91.26 por ciento aprendió el Quechua en la niñez y el 8.52 por ciento el español; en el distrito Mara el 94.45 por ciento aprendió Quechua en la niñez y sólo el 5.24 por ciento el español; distrito Coyllurqui, el 88.25 por ciento aprendió Quechua en la niñez y el 11.29 por ciento el español; distrito Challhuahuacho, 87.57 por ciento aprendió Quechua en la niñez y el 12.10 por ciento el español. Desde luego, en los distritos, provincias y departamentos quechuahabantes de todo el Perú, que por economía de espacio no son mencionadas, la situación es análoga.

Si se asocia el factor idioma con la aprehensión de la enseñanza castellana, los resultados del Censo dice lo siguiente. La población que aprendió en su niñez una lengua nativa, muestra altas tasas de analfabetismo; mientras en los que aprendieron Castellano en su niñez, la incidencia del analfabetismo es menor. El analfabetismo afecta más a poblaciones del área rural que tienen como lengua aprendida en su niñez una lengua nativa; en orden descendiente, el 30,6 por ciento de los que aprendieron Ashaninka, el 29,3 por ciento de los que hablaron en su niñez Quechua, el 24,9 por ciento otras lenguas nativas distintas a las anteriores y el 19,0 por ciento de los que aprendieron en su niñez el Aymara, no saben leer ni escribir.

Los resultados censales expuestos, revelan también que: el 35,2 por ciento de la población que aprendió en su niñez el Castellano, logró estudiar educación superior (16,9 por ciento superior no universitaria y 18,3 por ciento educación universitaria); en las poblaciones originarias que aprendieron en su niñez una lengua nativa y lograron estudiar educación superior: el 10,6 por ciento de los que aprendieron Quechua, el 12,8 por ciento de los que aprendieron Aymara; el 4,5% de Áshaninka y 9,0 por ciento con otra lengua nativa. Es más, las personas con una lengua nativa, tienen un capital educativo bajo o carecen de ello. Finalmente, el 26,6 por ciento de habla Ashaninka, el 21,0 por ciento de

Quechua, el 14,3 de Aymara y el 19,6 por ciento de otra lengua nativa, no tienen nivel educativo alguno.

De modo concluyente, el bajo nivel de educación alcanzado por las poblaciones originarias y criollas empobrecidas de lengua nativa, es de responsabilidad directa de la educación nacional impartida por el Estado. Las políticas educativas nacionales concebidas y aplicadas con falsas premisas "nacionales", al imponer una educación en un idioma extraño al suyo, no solo colisionan con los derechos humanos de las poblaciones originarias, mestizas y criollas empobrecidas; sino, excluyen por largo tiempo el desarrollo humano de los mismos. En suma, una educación dirigida para mantener en secular atraso al ser humano.

Como esto es así, esperar que las letras indígenas, mestizas y criollas empobrecidas nativo hablantes, se pongan al nivel de las élites criollas del Perú, es una visión lejana. Para lograr que esto cambie, pasa por allanar vallas estructurales referidas a la voluntad política del Estado, equilibrar e instituir la revaloración de los idiomas originarios al nivel del español y, homogeneizar cánones lingüísticos, gramaticales y ortográficos, de manera que el hombre indígena y el mestizo, pueda expresar sus pensamientos en forma escrita, fluida y universalmente en su idioma originario, conforme logró el escritor José María Arguedas, debieran ser en adelante los objetivos de las políticas culturales y educativas.

Lo dicho hasta aquí, demuestra que en el Perú, desde su génesis republicana, las clases criollas que hacen uso del poder y la intelectualidad que de ellas devienen, muestran al Perú, como que si se tratara de una familia criolla homogénea, unida y sacrificada, para omitir, disfrazar, ocultar y disimular ante el mundo, el carácter racista y excluyente del idioma castellano.

4. La construcción de una sociedad transculturada, afinidades y desencuentros con pensadores del Perú criollo

Las poblaciones originarias en la historia del Perú, entendida como una cultura milenaria colapsada por el posicionamiento español y su consecuente tránsito desde la colonia, independencia, hasta la hoy República democrática neoliberal, aún se mantienen aisladas del contexto estado-nación, eslabonando a su pasado, presente, futuro cultural, económico y político a la dialéctica de un Estado tutor, dominante y excluyente.

En ese escenario hostil, la dinámica vital indígena, cuidando su extinción biológica y cultural, pervive, crece y se desarrolla en *status* de exclusión. Las interacciones genéticas, sociales y culturales, impuestas por el vencedor y consentidas por el vencido, inexorablemente continúan[47].

La narrativa de Arguedas, desafía la secularización de la percepción racista y conmiserativa criolla sobre el indígena, en el hoy, denominado mundo andino, y como respuesta, plantea la recuperación de los valores y saberes ancestrales y asociarlos con los aportes occidentales como forma de descolonizar y reconstruir el "yo" peruano, a partir de la puesta en acción del imaginario colectivo lo pluricultural[48]. José María Arguedas, considerando

---

47   Léase: ANTONIO CORNEJO POLAR: *Escribir en el aire. Ensayo sobre la heterogeneidad socio-cultural en las literaturas andinas.* Lima: Horizonte, 1994. Antonio Cornejo Polar sentó, con la publicación de este ensayo, las bases ideológicas y metodológicas de buena parte de la actual crítica peruana dedicada al estudio de la literatura indigenista. Conceptos como heterogeneidad conflictiva, contradicción discursiva, "suturas homogeneizadoras", "armonía imposible", sujeto contradictorio o "sujeto migrante" –si no inaugurados por Cornejo Polar, sí convertidos por él en componentes de un campo semántico recurrente, característico y relevante para su teoría– aparecerán en los mismos términos o en expresiones equivalentes en muchos de los estudios actuales sobre la conflictiva realidad peruana. Citado por IVÁN TERUEL CÁCERES en *Dos modos de ver y sentir el Perú: las propuestas estéticas y culturales enfrentadas de José María Arguedas y Mario Vargas Llosa,* Trabajo de investigación, Departamento de Filologia Espanyola Bellaterra, septiembre de 2007, p. 8.

48   IVÁN ANDRÉS ESPINOSA OROZCO; *José María Arguedas y la decolonialidad: Lectura de "Todas las Sangres" y "El Zorro de Arriba" y "El Zorro de Abajo",*University of Wisconsin-Milwaukee, May 2015, p.2

las distancias y circunstancias que separan de Juan Espinosa Medrano, fue el primer escritor indígena, que se empoderó de los conocimientos y valores culturales que la herencia criolla hispana, brindaba como arma, para enrostrar el carácter retrógrado de la sociedad criolla del Perú en pleno siglo XX y, trató de integrar la preminencia cultural de las poblaciones indígenas en un Estado plurinacional. Esta visión empezó a plasmarse en 1958 con su novela *Los ríos profundos*, publicada por la editorial Losada (Iberoargentina) que alcanzó gran éxito. Por esta innovación literaria y antropológica, elogiosos comentarios de la crítica peruana y latinoamericana le confirieron al buen escritor andahuaylino, su "carta de ciudadanía".[49] Seguidamente, en 1961 a los 50 años, publica *El Sexto,* y al año siguiente gana nuevamente el premio "Ricardo Palma". Al respecto, el historiador Nelson Manrique con mucho acierto dice, Arguedas se ha convertido en todo un fenómeno social: una suerte de héroe cultural con el que se sienten identificados la gran mayoría de peruanos, inclusive aquellos que no han leído sus obras. A las dimensiones de su obra que ha recuperado la exégesis podrían sumarse otras: el promotor de la cultura andina, el abanderado de una política cultural renovadora, el maestro, el artista, el amigo. En pocas palabras, un hombre cuya vida y obra se constituyó en un puente

---

49   JOSÉ MATOS MAR (Comunicación personal del 9 de noviembre de 1988).

viviente entre mundos diversos, tradicionalmente escindidos.[50]

Por su parte Iván Teruel Cáceres, desde otro punto de vista, opina que Arguedas se erige como paradigma cultural de las tensiones y conflictos de la realidad peruana, pero su lucha interior es canalizada a través de su obra en un intento por establecer un espacio de mediación entre las dos culturas tradicionalmente enfrentadas, privilegiando, eso sí, la reivindicación de la tradición indígena. Es decir, el diálogo cultural pero poniendo en primer plano la cultura nativa, la aceptación de la filiación española pero sólo como medio a través del cual defender los derechos históricamente vulnerados de los indígenas. La magnitud del logro de Arguedas se entiende mejor si se vuelve la vista sobre todo el recorrido realizado hasta aquí.[51]

Por último, el hecho de haberse convertido, siendo un indígena de adopción, en un símbolo incluso entre aquellos que no han leído sus libros, en un país en el que, como se vio, la intelectualidad

---

50   NELSON MANRIQUE: "Presentación". En: Maruja Martínez y Nelson Manrique (eds.): *Amor y fuego. José María Arguedas 25 años después / [Seminario Internacional José María Arguedas, 25 años después, Lima, 9-11 de noviembre de 1994]*. Lima: CEPES, DESCO, SUR, 1995, p. XII.

51   IVÁN TERUEL CÁCERES: *Dos modos de ver y sentir el Perú: las propuestas estéticas y culturales enfrentadas de José María Arguedas y Mario Vargas Llosa*, Trabajo de investigación, Departamento de Filologia Espanyola Bellaterra, septiembre de 2007, p. 41

estuvo circunscrita desde la conquista hasta principios del siglo XX a la elite criolla, revela, no sólo la capacidad de irradiación de su tarea, sino la dimensión de su éxito. En Arguedas, el impulso del proceso utópico en los Andes, su carácter reivindicativo y su función como mecanismo de resistencia, convergen para transformar la utopía en realidad.[52]

La percepción central de José María Arguedas, para la integración plurinacional, era recrear una forma lingüística, resultado de la simbiosis del quechua con el español; herramienta de comunicación que sintetice fundamentalmente el sentimiento inclusivo y solidario del indígena, contenido en su idioma madre el quechua. Desde esa perspectiva, la batalla que libró Arguedas en el terreno lingüístico para intentar reproducir las características del quechua a través del español, un español con alma quechua o la conjunción en una misma experiencia estética de componentes particulares de dos sistemas discursivos divergentes, también estaría estrechamente relacionado con lo que Landreau llama "su leyenda autobiográfica"[53].

---

52 IVÁN TERUEL CÁCERES: *Dos modos de ver y sentir el Perú: las propuestas estéticas y culturales enfrentadas de José María Arguedas y Mario Vargas Llosa,* Trabajo de investigación, Departamento de Filologia Espanyola Bellaterra, septiembre de 2007, p.43

53 JOHN C. LANDREAU: "Hacia una relectura de la leyenda autobiográfica de José María Arguedas". En: Mabel Mora 1a (ed.): *Indigenismo hacia el fin del milenio.* Pittsburgh: Instituto Internacional de Literatura Iberoamericana. Serie Biblioteca de América, 1998, pp. 211-221.

De modo que, como asume Fermín Pino, Arguedas apuesta siempre fielmente por la base popular y tradicional de la cultura del Perú. Por esto defiende especialmente la pervivencia de la lengua quechua y aymara y de las danzas, instrumentos musicales y artesanías de la Sierra[54]. Contrariamente, escritores y pensadores de la cúspide criolla del Perú, se caracterizaron por orientar el curso de la historia literaria, teniendo como referente a España; omitiendo y anatemizando, la realidad cultural y social indígena heredera de una civilización milenaria. Y esta situación, tiene sus raíces históricas, los criollos, impusieron a grado fuerza, la matriz colonial de poder de España sobre los sistemas del saber tawantinsuyano, cuya impronta, continua vigente aún, como patrón común del conocimiento en el territorio latinoamericano[55]. A diferencia de pensadores y filósofos criollos del Perú, José María Arguedas, desde una perspectiva literaria, antropológica y política; plantea como punto de partida para la transformación del Perú, romper la colonialidad epistemológica instituida por la matriz de poder de España que a estas alturas

---

54 FERMÍN DEL PINO; *Arguedas como escritor y antropólogo, p.7.*
55 Nota: Para abundar sobre colonialidad, véase: WALTER D. MIGNOLO: *"Colonialidad del poder y diferencia colonial,"* Anuario Mariateguiano, ix/10, 1999. Y, *Pensamiento decolonial, desprendimiento y apertura, 2004.*

del tiempo, actúa como fuerza que enerva el progreso. Al escribir, Arguedas borró la línea divisora entre la literatura y la dialéctica y creó reflexiones ideológico-poéticas que reflejan críticamente el trasfondo social de la época[56]. A diferencia de sus precursores, José María Arguedas, rechazó el refuerzo de la identidad nacional por medio de la síntesis cultural peruana, que según su convicción amenazaba con destruir la singularidad cultural. Por ello, pensaba que la resistencia cultural nacional era posible solamente si contaba con la pluralidad de las culturas nacionales.[57] Esta prognosis de Arguedas de las décadas del 50 y 60 del siglo pasado, siguen vigentes en el Perú de principios del siglo XXI; indígenas, mestizos y criollos empobrecidos, siguen excluidos en sus derechos sociales, económicos y políticos, continúan siendo los pasivos observadores de la construcción de una República democrática neoliberal sin indios.

---

56   KLÁRA SCHIROVÁ; *TODAS LAS SANGRES – LA UTOPÍA PERUANA,* en JOSÉ MARÍA ARGUEDAS EN EL CORAZÓN DE EUROPA, Universidad Carolina de Praga Facultad de Filosofía y Letras Praga, 2004, p.97

57   KLÁRA SCHIROVÁ; *TODAS LAS SANGRES – LA UTOPÍA PERUANA,* en JOSÉ MARÍA ARGUEDAS EN EL CORAZÓN DE EUROPA, Universidad Carolina de Praga Facultad de Filosofía y Letras Praga, 2004, p.100

Esta concepción de Arguedas, marcará el inicio de un desencuentro sistemático con la pléyade de literatos, filósofos y sociólogos criollos del Perú. Proceso al que más o menos, podemos resumir así. Por su biografía, sabemos que en 1936, José María Arguedas, restablecida la vida académica en la Universidad Nacional Mayor de San Marcos, fundó con Augusto Tamayo Vargas y otros, la revista *Palabra en defensa de la Cultura*, en cuyas páginas se ve reflejada el acercamiento la ideología propugnada por José Carlos Mariátegui. En este acercamiento, Arguedas, observa reparos al planteamiento de Mariátegui sobre la situación del indio dentro del "humanismo proletario"; según Arguedas, el indio seguía siendo tratado como una casuística de conmiseración criolla de siempre y su observación sustentaba en esta afirmación de Mariátegui: "La literatura indigenista no puede darnos una versión rigurosamente verista del indio. Tiene que idealizarlo y estilizarlo. Tampoco puede darnos su propia ánima. Es todavía una literatura de mestizos. Por eso se llama indigenista y no indígena. Una literatura indígena, si debe venir, vendrá a su tiempo. Cuando los propios indios estén en grado de producirla."[58] En otro pasaje de los 7 Ensayos el Amauta, respecto a la viabilidad del indígena como sujeto político en la conformación del Estado, se pronuncia de esta forma: "Esperar la emancipación indígena de un activo cruzamiento de la raza aborigen con inmigrantes blancos es una ingenuidad antisociológica, concebible sólo en la mente rudimentaria de un importador de carneros merinos"[59].

Con estos antecedentes, al entrar en boga la llamada polémica del indigenismo en el entorno de los intelectuales criollos de Lima, el diputado cusqueño José Ángel Escalante, en un enérgico artículo titulado "Nosotros los indios..." (1927), le recomendaba a Mariátegui, sin llamarlo de nombre, que mejor se abstuviera de opinar sobre las necesidades del indio ya que, no siéndolo, de ningún modo calificaba para la tarea. El golpe de gracia se lo asestó con este malicioso comentario: "Si mi olfato no me engaña, creo yo que en este 'amoroso interés' que les ha nacido a ciertos círculos de intelectuales y periodistas costeños por redimir a la 'raza madre' de su 'cruel servidumbre' e 'integrarla

---

58   José Carlos Mariátegui, 7 ensayos de interpretación de la realidad peruana [1928], 62a. ed. (Lima: Empresa Editora Amauta, 1995), 242.

59   José Carlos Mariátegui; La Chira Obras Completas Cronológicas Volumen 10, 7 Ensayos de Interpretación de la Realidad Peruana (5 de noviembre de 1928) P.25

a la civilización y la cultura', palpita una tendencia revolucionaria que quiere aprovecharse de la gran masa indígena, de su exasperación y de su fuerza, para el entronizamiento de ideales bolcheviques y formas de gobierno soviéticas y comunistas en el Perú"[60] . Al respecto, José María Arguedas, tiempo después de su distanciamiento con José Carlos Mariátegui se pronunciaba de esta forma: "Mariátegui no disponía de información sobre la cultura indígena o india; no se la había estudiado, ni él tuvo oportunidad ni tiempo para hacerlo."[61]

Sobre los acercamientos con pensadores peruanos, Carmen Alemany, nos dice: Será otro escritor peruano, César Vallejo (1892-1938), con el que Arguedas se sentirá plenamente identificado, pero no por sus impresionantes versos sino por la novela El tungsteno (1931) en la que el autor de Poemas humanos denuncia la situación de abuso sobre el indígena en las minas peruanas. Asimismo, con el autor de Trilce, compartirá lecturas las obras de

---

60 José Ángel Escalante, "Nosotros los indios..." [1927], en La polémica del indigenismo, ed. Manuel Aquézolo Castro (Lima: Mosca Azul, 1976), 48. Sobre este episodio poco estudiado, cf. Luis Enrique Tord, El indio en los ensayistas peruanos, 1848-1948 (Lima: Editoriales Unidas, 1978), 88-95, y, más recientemente, Jorge Coronado, The Andes Imagined: Indigenismo, Society, and Modernity (Pittsburgh, Pa.: University of Pittsburgh Press, 2009), cap. 2. Cita que corresponde a Martín Oyata.

61 José María Arguedas, "Razón de ser del indigenismo en el Perú" [1970], en Formación de una cultura nacional indoamericana (México: Siglo Veintiuno, 1975), 192.

José Carlos Mariátegui (1894-1930) y, en la misma coordenada política, las de Lenin; ambos, pero sobre todo el primero, le sirvieron para adquirir una conciencia política y social, aunque el socialismo no mató en él lo mágico como se apresuró a afirmar. Sin duda, otra de las lecturas continuadas serán las obras de Ciro Alegría (1909-1967), a quien le unía la misma devoción por el mundo indígena, aunque cada uno lo reflejase desde diferentes perspectivas. Obras como La serpiente de oro (1935), Los perros hambrientos (1939) y sobre todo El mundo es ancho y ajeno (1941) son referencias obligadas de la literatura peruana y también lo fueron para Arguedas: «lo que ocurre –como apuntó el autor de *Los ríos profundos*– es que en las novelas de Ciro Alegría aparece un indio que es tal desde el punto de vista social, pero no lo es desde el punto de vista cultural; entonces no tiene todas estas características, tan distintas, tan originales, como las del indio del sur». En cualquier caso, ambos pretendieron, a pesar de no ser maestros en técnicas narrativas, reflejar de manera fidedigna el mundo quechua con todas sus cargas espirituales y de una forma directa, diversa y múltiple[62]. José Ignacio Úzquiza González, sobre las afinidades de Arguedas

---

62 CARMEN ALEMANY BAY; *SINGULARIDADES DE JOSÉ MARÍA ARGUEDAS COMO ESCRITOR*, Universidad de Alicante-España, en América sin nombre, Nos 13-14 (2009) 160-167

con José Carlos Mariátegui y desencuentros con los indigenistas, manifiesta: "antes de su encuentro con la obra de Mariátegui, ya llevaba él, por su propia biografía, un bagaje interior que se impulsaba por sí mismo. Luego, con los años, criticaría a Mariátegui, aunque, sobre todo, a algunos de sus acompañantes más interesados: «el gamonal —decía Arguedas— es presentado [ahí] con expresión inhumana y feroz, y se muestra al indio o en su miseria o en sus virtudes". [63] Finalmente Gabriela Núñez Trujillo, analizando la carta de Arguedas dirigida a John Murra, (EE.UU), 21 de febrero de 1961, afirma: "...vemos a un Arguedas ambivalente y contradictorio, que no está seguro de cómo equilibrar su indignación por la injusticia y su reputación política como persona pacífica. No quiere que se le asocie ni con la izquierda ni con la derecha; solo quiere ser libre" y esta proposición demuestra con esta glosa de la carta antedicha: La política se ha hecho durísima en el Perú. Ambos bandos en lucha: la izquierda y la derecha plantean la cosa en forma bastante inhumana: o se está con ellos o contra ellos; al que pretende ser libre le

---

63   José Ignacio Úzquiza González; *José María Arguedas y el Mestizaje cultural*), Universidad de Extremadura *AEF,* vol. XXVIII, 2005, 299-313.

disparan de los dos frentes"[64], De otra parte, para Arguedas la obra de los indigenistas, le parece como superficial, de escaso valor artístico y casi nada sobrevive de ella; aun así, cumplió una función social importante» («razón de ser del indigenismo en el Perú»)[65] Criticó también al indigenismo mestizo, particularmente a los más oportunistas de entre ellos, a escritores que daban una imagen exótica, falseada y superficial del mundo quechua y de su folclore: "Me sentí tan indignado —dijo— con la visión desfigurada que autores como López Albújar o V. García Calderón y detrás el criollista José de la Riva-Agüero y Osma (1912) y sus idílicos "Paisajes peruanos" daban del indio, tan extraño, tan defraudado, que consideré que era indispensable hacer un esfuerzo por describir al hombre andino tal cual era y tal y como yo lo había conocido".[66]

En efecto, las intelectualidades criollas citadas, en tanto soporte teórico del Estado constituido,

---

64 NÚÑEZ MURILLO, Gabriela: *José María Arguedas a través de sus cartas*, 1° ed. Lima: CELACP, Latinoamericana Editores, 2018, 242-93..

65 J.M. Arguedas, *Formación de una cultura nacional indoamericana*, ed. Siglo xxi, 1975 (último capítulo).

66 José María Arguedas y A. Romualdo, «Poesía y prosa en el Perú contemporáneo", *Panorama actual de la literatura latinoamericana*, Madrid/ La Habana, Centro de investigaciones literarias, 1971, pág. 199. Citado por Alemany.

entendían la realidad indígena, al igual que de un *homínido* extraño, sin cultura y sin historia, como necesidad histórica para el soporte de la República aristocrática sin indios. En otras palabras, la percepción literaria de los escritores criollos respecto al indígena, siempre fue esbozado con el mismo pincel hispano: racismo consuetudinario, arbitrariedad lapidaria, menosprecio y en el mejor de los casos, conmiseración. Al respecto Jana Hermuthová, cuando analiza la creación literaria criolla del Perú dice: es verdad que en la creación literaria hispanoamericana, particularmente del Perú, encontramos numerosos intentos de describir el mundo indígena por medio de la mezcla del español literario con la lengua quechua. Sin embargo, casi todas estas tentativas han estado representadas sólo por dos recursos más o menos superficiales: salpicar la novela de palabras indígenas y añadir un glosario al final o bien utilizar un dialecto local. Aunque llevados por un afán sincero, los autores de las obras indigenistas, se quedan al borde de una inmensa hondonada: hablan desde fuera. Como no sabían quechua, no eran capaces de concebir la otra realidad con plenitud. Más auténtico se revela el intento de traducir la cultura y el pensamiento indígena como tal utilizando recursos que escarban hasta lo profundo de un sistema lingüístico. Así surgen las obras de José María Arguedas, Augusto Roa Bastos o Juan Rulfo. Dejando atrás los glosarios y las palabras indígenas sueltas y pasando al campo de la sintaxis y los elementos suprasegmentales, nacen discursos por medio de los que se trasluce el habla real de los personajes nativos. Los autores logran la unificación del texto y su inmersión en su modelo lingüístico. Así no se trata de una mera descripción del lenguaje popular. El autor no imita, habla desde dentro de la comunidad. De esta manera se enlaza con la fuente mítica que sigue viva en el fondo[67].

La transcendencia literaria de Arguedas está en su capacidad de crear un discurso heterogéneo entre lo indígena excluido y el criollo excluyente. Al respecto Hermuthová asocia coincidencias con otros pensadores y aclara que: José María Arguedas concibe la relación entre las culturas como una "superposición". Este concepto aparece en los ensayos de Mariátegui y más tarde en los de Octavio Paz. La crítica no suele relacionar a Arguedas con Paz, pero ambos coinciden en temas fundamentales: la posibilidad de revivir la unidad originaria del universo (el "Eterno presente" de

---

67 Jana Hermuthová; El discurso experimental arguediano, en *JOSÉ MARÍA ARGURDAS EN EL CORAZÓN DE EUROPA;* Universidad Carolina de Praga Facultad de Filosofía y Letras, Praga 2004   P. 41

Paz); el pensamiento analógico; la superposición de distintas tradiciones culturales que se mantienen en convivencia dramática sin fusionarse[68].

Hasta más o menos la década del 70 del siglo pasado, José María Arguedas, ya había calado hondo en las preferencias literarias del Perú y en la crítica hispanoamericana. El crítico Uruguayo Ángel Rama, en su artículo "La novela-ópera de los pobres"[69], a través de un estudio de los componentes musicales presentes y subyacentes en *Los ríos profundos*, advertía que dicha novela contenía elementos que no le eran propios a un género eminentemente burgués; Rama afirma también que la invención de Arguedas, se sitúa en el período en que las capas populares ascendentes se apropian del modelo ofrecido por la burguesía para iniciar la novela de crítica social; además Ángel Rama, con justa razón citó como ejemplo de narrador de la transculturación a José María Arguedas, junto a Juan Rulfo, Guimaraes Rosa y García Márquez.

---

68 Jana Hermuthová; El discurso experimental arguediano, en JOSÉ MARÍA ARGURDAS EN EL CORAZÓN DE EUROPA; Universidad Carolina de Praga Facultad de Filosofía y Letras, Pra ga 2004   P.20
69 Ángel Rama: "La novela-ópera de los pobres". En: *La crítica de la cultura en América Latina*. Barcelona: Biblioteca Ayacucho, 1985, pp. 241-265. El artículo fue publicado originariamente en: *Revista Iberoamericana*, XLIX, número 122, Pittsburg, enero-marzo de 1983, pp. 1-41.

5. Arguedas en el contexto literario latinoamericano

Respecto a las proximidades y diferencias de José María Arguedas con autores latinoamericanos, Carmen Alemany Bay nos dice: fuera ya de su país, pero sin salirnos del ámbito latinoamericano, nuestro autor confiesa que Don Segundo Sombra (1926), del argentino Ricardo Güiraldes (1886-1927), será otra de las lecturas que le «alumbraron el camino». Seguramente porque esta obra define la esencialidad de las raíces argentinas, porque recoge las costumbres de la pampa y la sabiduría popular de los gauchos y fundamentalmente porque Güiraldes está describiendo el final de una época y también de una forma de vida en la pampa. Y precisamente, esta misma intencionalidad es la que intuimos en los escritos arguedianos: preservar culturalmente lo que se sabe que con la marcha de los tiempos está condenado a desaparecer. Otros escritores más coetáneos serán también referentes del escritor, admirará a Juan Rulfo (1918-1986) por su personalidad y porque en su obra describió la entraña misma de lo mexicano, otra realidad ajena a las tribulaciones de la Ciudad de México. A este autor le dedicará párrafos afectuosos en el «Primer diario» de El zorro de arriba y el zorro de abajo y con anterioridad, en el año 1960, escribió un efusivo comentario sobre Pedro Páramo[70]. También recordará en el citado diario al uruguayo Juan Carlos Onetti (1909- 1994) con especial simpatía, y al colombiano Gabriel García Márquez (1928) lo comparará, por su forma de contar historias, con doña Carmen Taripha, vecina del pueblo de Maranganí (Cuzco). Lo que Arguedas destaca de la obra de los escritores antes mencionados, como también de la del brasileño Joao Guimarâes Rosa (1908-1967), es que ellos, al igual que él, escriben por pasión literaria. Menos simpatías le reportarán la obra de Alejo Carpentier (1904-1980), la de José Lezama Lima (1910-1976), la de Carlos Fuentes (1928) y, sobre todo, la de Julio Cortázar (1914-1984), con quien mantuvo una ardua polémica[71]. A

---

70   En el suplemento dominical del periódico limeño El Comercio, José María Arguedas publicó el 8 de mayo de 1960 una elogiosa reflexión sobre Juan Rulfo titulada «Reflexiones peruanas sobre un narrador mexicano (Juan Rulfo)».

71   Cita de CARMEN ALEMANY BAY en *SINGULARIDADES DE JOSÉ MARÍA ARGUEDAS COMO ESCRITOR*, Universidad de Alicante-España, en América sin nombre, Nos 13-14 (2009) 160-167: De esta manera expresa Arguedas sus querencias y desavenencias con los escritores citados: «A Onetti lo vi en México. Andaba con bastón, atendido por algunos que le conocían. Yo no había leído nada de él. Lástima. Le hubiera saludado: a don Alejo [Carpentier] no me atreví a acercarme, me lo presentaron dos veces. Dicen que es tímido, pero sentía, o lo sentía como a un europeo muy ilustre que hablaba castellano. Muy ilustre, de esos ilustres que aprecian lo indígena americano, medidamente [...] Carlos Fuentes es mucho artificio, como sus ademanes. De Cortázar sólo he leído cuentos. Me asustaron las instrucciones que pone para leer Rayuela. Quedé, pues, merecidamente eliminado, por el momento, de entrar en ese palacio», en José María Arguedas, El zorro de arriba y el zorro de

todos ellos les recriminará ser escritores profesionales y tener como único mérito el aplicar «una técnica que se ha aprendido y se ejerce específicamente, orondamente, para ganar plata»[72].

Ya en el siglo XXI, Gerald Martin, diferencia y asume que: la novela hispanoamericana ha conocido tres fases durante este siglo (XX)[73] de 1915 a 1940, aproximadamente (Azuela, A. Arguedas, Rivera, Güiraldes, Gallegos, Icaza, C. Alegría, entre otros); de 1945 a 1960 (Asturias, Borges, Carpentier, Marechal, Onetti, Yanez, Rulfo, Roa Bastos, J.M. Arguedas, entre otros); y de 1960 a la década de 1980: Cortázar, García Márquez, Fuentes, Vargas Llosa, Cabrera Infante, Donoso, Puig, entre otros[74].

---

abajo, Buenos Aires, Losada, 1971, pp. 17-18. De Fuentes dirá más adelante: «¡Ah! La última vez que vi a Carlos Fuentes, lo encontré escribiendo como a un albañil que trabaja a destajo. Tenía que entregar la novela a plazo fijo. Almorzando, rápido, en su casa. Él tenía que volver a la máquina», p. 26.

72 Citado por CARMEN ALEMANY BAY; *SINGULARIDADES DE JOSÉ MARÍA ARGUEDAS COMO ESCRITOR*, Universidad de Alicante-España, en América sin nombre, Nos 13-14 (2009) 160-167

73 Lo aclarado con entre paréntesis es mío, la obra fue editado en 1990.

74 Gerald Martin; *MARIO VARGAS LLOSA: Caballero errante de la imaginación liberal* (Gerald Martin, "Mario Vargas Llosa: Errant King of the Liberal Imagination", en John King (ed.), *Modern Latin American Fiction: A Survey*, Faber and Faber, Londres, 1987.Traducción de Mario A. Zamudio. Publicado en *Argumentos. Estudios críticos de la sociedad*, núm. 10-11, UAM-Xochimilco, México, diciembre de 1990, p.151

6. Desencuentros con Julio Cortázar

Hasta más o menos fines de la década del 60, el pensamiento de José María Arguedas: calidad y universalidad de su creación y propuesta literaria, contenida en la obra *Los ríos profundos*, ya había sido consensuada como uno de los grandes aportes a la literatura hispanoamericana. Sin embargo, una nueva pléyade de escritores criollos eurocentristas, irrumpen en el ambiente literario hispano-americano, proponiéndose, modernizar esta literatura anquilosada en el atraso. La revolución cubana, que a esas alturas del tiempo, no solo remecía las estructuras y conducía a la sociedad cubana hacia un nuevo horizonte, sino, convocaba y sensibilizaba a los actores sociales jóvenes de las naciones del continente. En el plano cultural, la comunidad literaria cubana, afianzó ese compromiso social hacia su revolución, como era natural trascendió, tal que reconocidos intelectuales se adhirieron a la causa cubana; sin embargo, esta revolución, será también paso fugaz de intelectuales ávidos de fama literaria, quienes se asirán a los beneficios políticos, para dejar sus países de origen y conquistar el mercado europeo, donde la literatura hispanoamericana, era un negocio. La visión, era salir de Latinoamérica.

José María Arguedas, por los años 1965 a 1969 del siglo XX, gracias a su intenso trabajo literario, antropológico y etnológico, entendía de la literatura y del arte en general: "El hombre hace la literatura y después contribuye a modelar al hombre. Las artes forman la médula de un país, rigen al ser humano; su propia libertad, la más alta y absoluta es posible; y los frutos de ella, llevan el sello de lo antiguo, de la obra de los predecesores, cuando éstos han existido"[75]. En esta década ya tenía logrado el reconocimiento de la intelectualidad literaria de Latinoamérica. En el Perú, la necesidad de interpretar la realidad histórico-cultural, replantear el pensamiento literario atrapado en la impronta hispana y, posibilitar la integración nacional de una diversidad cultural vigente, era una necesidad histórica que iba en ascenso. Sin embargo, si fueron estas las causas u otras propias de las cumbres literarias, para que un sector importante de escritores, encabezados por el insigne escritor argentino Julio Cortázar, optaran por incomodarse e incomodar la prestancia de José María Arguedas en la literatura latinoamericana. Hasta que devino lo que muchos llaman: polémica, otros, debate y aquellos otros, intercambio entre José María Arguedas y Julio Cortázar.

Sobre el particular, muchos escritores han abordado sus percepciones y opinaron, unos a favor de José

---

75 J. M. Arguedas, "Reflexiones peruanas sobre un narrador mexicano", Suplemento Dominical del diario *El Comercio*, Lima, 8 de mayo de 1966, pág. 3

María Arguedas y otros, en defensa de Julio Cortázar. Este último, con justo mérito, lideraba a una pléyade de importantes escritores latinoamericanos cosmopolitas.

De este asunto, a efectos de brindar al lector, los antecedentes que le sean necesarios para tener una idea de lo que significó aquella polémica, se hace un recuento acudiendo a citas largas del cual les pido dispensas. Al respecto, la chispa que engendró esta contienda se halla en una carta que Julio Cortázar escribe desde Saignon- ciudad del departamento de Vaucluse de Francia-, el 10 de mayo de 1967 a Roberto Fernández Retamar; este que en ese entonces dirigía la *Casa de las Américas* de La Habana y publica en la revista de su dirección con el título *Carta a Roberto Fernández Retamar* y el subtítulo, *Situación del intelectual latinoamericano*. En esta epístola Cortázar, justifica su visión cosmopolita y trayectoria como escritor latinoamericano en Europa; y, cuestiona como sedentarios, a quienes escriben sin salir de sus países de origen.

José María Arguedas, en representación de los escritores provincianos de Latinoamérica, aludidos en la carta, emprendió la tarea de aclarar este asunto. Pero antes, para sopesar la respuesta de José María Arguedas, constatemos en la siguiente cita, parte de la carta de Julio Cortázar en mención, la misma que motivará el inicio del debate: "El que mis libros estén presentes desde hace años en latinoamérica no invalida el hecho deliberado e irreversible de que me marché de la Argentina en 1951, y que sigo residiendo en un país europeo que elegí sin otro motivo que mi soberana voluntad de vivir y escribir en la forma que me parecía más plena y satisfactoria. ¿No te parece en verdad paradójico que un argentino casi enteramente volcado hacia Europa en su juventud, al punto de quemar las naves y venirse a Francia, sin una idea precisa de su destino, haya descubierto aquí, después de una década, su verdadera condición de latinoamericano? Pero esta paradoja abre una cuestión más honda: la de si no era necesario situarse en la perspectiva más universal del viejo mundo, desde donde todo parece poder abarcarse con una especie de ubicuidad mental, para ir descubriendo poco a poco las verdaderas raíces de lo latinoamericano, sin perder por eso la visión global de la historia y del hombre. [...] Aquí quiero agregar que de ninguna manera me creo un ejemplo de esa "vuelta a los orígenes" -telúricas, nacionales, lo que quieras- que ilustra precisamente una importante corriente de la literatura latinoamericana, digamos *Los pasos perdidos* y, más circunscritamente, *Doña Bárbara*. El telurismo como lo entiende entre ustedes un Samuel Feijoo, por ejemplo, me es profundamente ajeno por estrecho, parroquial y hasta diría aldeano; puedo comprenderlo y admirarlo en quienes no alcanzan, por razones múltiples, una visión totalizadora de la cultura y de la historia, y concentran todo su talento en una labor "de zona", pero me parece un preámbulo a los peores avances del nacionalismo negativo cuando se convierte en el credo de escritores que, casi siempre por falencias culturales, se obstinan en exaltar los valores del terruño contra los valores a secas, el país contra el mundo, la raza (porque en eso se acaba) contra las demás razas"[76].

Frente a esta postura, José María Arguedas, en la revista peruana Amaru N° 6 de (abril-junio de 1968), publicó un fragmento que después sería parte de su novela *El zorro de arriba y el zorro de abajo;* en dicho artículo, el 15 de mayo de 1968, aclara entre otros temas, sus puntos de vista contra la profesionalización del escritor, propugnado por

---

76 CARTA DE JULIO CORTÁZAR A ROBERTO FERNÁNDEZ RETAMAR; *Sobre "Situación del intelectual latinoamericano"* Carta aparecida originalmente en *Casa de las Américas*, VIII, N° 45, La Habana, 1967.

Cortázar como distintivo de calidad literaria. Al respecto, esto dice Arguedas:

"Yo no soy escritor profesional, Juan [Rulfo] no es escritor profesional, ese García Márquez no es escritor profesional. ¡No es profesión escribir novelas y poesías! O yo, con experiencia nacional, que en ciertos resquicios sigue siendo provincial, entiendo provincialmente el sentido de esta palabra oficio como una técnica que se ha aprendido y se ejerce específicamente orondamente para ganar plata. Soy en ese sentido un escritor provincial; sí, mi admirado Cortázar; [...]. Escribimos por amor, por goce y por necesidad, no por oficio. [...]. Quizás mayor mérito tengan ustedes, pero ¿no es natural que nos irritemos cuando alguien proclama que la profesionalización del novelista es un signo de progreso, de mayor perfección? (Croce: 182-3)[77].

José María Arguedas en la cita que antecede, define el papel determinante de la literatura territorial comprometida en la estructuración y construcción de las nuevas sociedades latinoamericanas que había empezado con la revolución cubana, frente a la otra, la profesionalización del novelista. A la vez, Arguedas estaba seguro que el forasterismo literario, gestado en realidades europeas y seguidas

---

77　Cita de Miriam Noemí Di Gerónimo.

coyuntural-mente por escritores promovidos por la revolución cubana, perseguían el negocio literario y se alejarían tarde o temprano del compromiso social. Y como que en efecto, años después, lograron el denominado "boon de la literatura latinoamericana". Sobre este particular, cincuenta años después, otro autor, Oswaldo Paz Barrera ecuatoriano él, retrata en cuerpo entero los resultados de la literatura utilitaria que José María Arguedas había preludiado, respecto a la mercantilización de la literatura y el forasterismo como rumbo. Paz Barrera, explica este fenómeno así: "El mundo, para el artista y el literato auténticos es, (...), un abanico de espacios y tiempos vitales en donde se entusiasma, encoleriza, entristece, goza, critica la realidad impuesta desde el poder e imagina cómo traspasarla. Se trata, como se ve, de orbes y cosmovisiones diferentes: el de la mercancía literaria busca hacer de la literatura un valor de cambio que remache lo que hay, mientras que el de la vida que emana literatura se interesa por ella como valor de uso estético libertario. El de la mercancía produce libros de persuasión en los que importa mucho "escribir bien", textos que no creen resistencias en el amplio público previamente condicionado por los medios, historias que no cuestionen la estabilidad del sistema y temas que no generen conflictos en el lector masa. Para ello, el escribidor profesional, es decir, el que produce un texto conforme estas normas de corrección político-literaria y de calidad editorial alabadas en el bazar y la bolsa, suele aplicar metódicamente fórmulas comprobadas de técnicas narrativas, susceptibles incluso de ser aprendidas y enseñadas. Las diferencias anotadas entre mercancía literaria y literatura, han llevado a que las grandes empresas editoriales, como por ejemplo el grupo PRISA en el entorno hispanoamericano, empiecen a crear famosos o famosas, hacer *lobbys*–actividad de palanqueo profesionalmente organizada– para conseguir que sus preferidos sean premiados, pagar críticos que digan en sus periódicos o canales que éste o aquélla son una maravilla. Los negocios son los negocios y sus fines de lucro justifican cualquier procedimiento que favorezca las ventas. Crean ídolos mediáticos que pasan a ser una marca, una firma, quienes a cambio de un sueldo y en el mejor de los casos, dirigen equipos de escritores en la sombra, correctores de estilo, asesores, mecanógrafos, etc., en lo que ya no es más que una factoría de textos que prepara las mercancías libro que serán impresas en tirajes multimillonarios[78].

---

78 OSWALDO PÁEZ BARRERA, *¿CUÁNDO SE JODIÓ VARGAS LLOSA?* Literatura del capitalismo tardío y narrativas de la multitud, Ecuador 2011. pp. 10-11.

Ahora bien, resumido escuetamente los antecedentes y puntos de vista de la discrepancia entre dos grandes escritores latinoamericanos en cuestión, veamos los argumentos que esgrimían sobre sus puntos de vista.

Empecemos con la respuesta de Julio Cortázar, contenida en la entrevista otorgada en París- enero de 1968- a la periodista Rita Guilbert de la revista Life; quien responde a Arguedas asi: "Me interroga sobre una supuesta "generación perdida" de exiliados latinoamericanos en Europa, citando entre otros a Fuentes, Vargas Llosa, Sarduy y Garcia Márquez. En los últimos años el prestigio de estos escritores ha agudizado como era inevitable una especie de **resentimiento consciente o inconsciente por parte de los sedentarios** (*honi soit qui mal y pense!*), que se traduce en una casi siempre vana búsqueda de razones de esos "exilios" y una reafirmación enfática de permanencia *in situ* de los que hacen su obra sin apartarse, como dice el poeta, del rincón donde empezó su existencia. De golpe me acuerdo de un tango que cantaba Azucena Maizani: *No salgas de tu barrio, sé buena muchachita, cásate con un* *hombre que sea como vos*, etc., y toda esta cuestión me parece afligentemente idiota en una época en que por una parte los jets y los medios de comunicación les quitan a los supuestos "exilios" ese trágico valor de desarraigo que tenían para un Ovidio, un Dante o un Garcilaso, y por otra parte los mismos "exiliados" se sorprenden cada vez que alguien les pega la etiqueta en una conversación o un artículo. Hablando de etiquetas, por ejemplo, José María Arguedas nos ha dejado como frascos de farmacia en un reciente artículo publicado por la revista peruana *Amaru*. Prefiriendo visiblemente el resentimiento a la inteligencia, lo que siempre es de deplorar en un cronopio, ni Arguedas ni nadie va a ir demasiado lejos con **esos complejos regionales**, de la misma manera que ninguno de los "exiliados" valdría gran cosa si renunciara a su condición de latinoamericano para sumarse más o menos parasitariamente a cualquier literatura europea. A Arguedas le fastidia que yo haya dicho (en la carta abierta a Fernández Retamar) que a veces hay que estar muy lejos para abarcar de veras un paisaje, que una visión supranacional agudiza con frecuencia la captación de la esencia de lo nacional. **Lo siento mucho, don José María, pero entiendo que su compatriota Vargas Llosa no ha mostrado una realidad peruana**

inferior a la de usted cuando escribió sus dos novelas en Europa. Como siempre, el error está en llevar a lo general un problema cuyas soluciones son únicamente particulares; lo que importa es que esos "exiliados" no lo sean para sus lectores, que sus libros guarden y exalten y perfeccionen el contacto más profundo con su tierra y sus hombres. Cuando usted dice que los escritores "de provincias", como se autocalifica, entienden muy bien a Rimbaud, a Poe y a Quevedo, pero no el *Ulises*, ¿que demonios quiere decir? ¿Se imagina que vivir en Londres o en París da las llaves de la sapiencia? **¡Vaya complejo de inferioridad, entonces!** Conozco a un señor que jamás salió de su barrio de Buenos Aires y que sabe más sobre André Breton, Man Ray y Marcel Duchamp que cualquier crítico europeo o norteamericano. Y cuando digo saber no me refiero a la fácil acumulación de fichas y libros, sino a ese entender profundo que usted busca con relación a *Ulises*, esa participación fuera de todo tiempo y de todo espacio que se entabla o no se entabla en materia literaria. A manera de consuelo usted agrega: "Todos somos provincianos, provincianos de las naciones y provincianos de lo supranacional." De acuerdo; pero **menuda diferencia entre ser un provinciano como Lezama Lima, que precisamente sabe más de Ulises que la**

misma Penélope, y los provincianos de obediencia folklórica para quienes las músicas de este mundo empiezan y terminan en las cinco notas de una quena. ¿Por qué confundir los gustos personales con los deberes nacionales y literarios? A usted no le gusta exiliarse y está muy bien, pero yo tengo la seguridad de que en cualquier parte del mundo usted seguiría escribiendo como José María Arguedas; ¿por qué, entonces, dudar y sospechar de los que andan por ahí porque eso es lo que les gusta? **Los "exiliados" no somos ni mártires ni prófugos ni traidores;** y que esta frase la terminen y la refrenden nuestros lectores, qué demonios[79]. (El resaltado en negritas, son míos)

El escritor Julio Cortázar en la entrevista que se acaba de citar, que más parece monólogo, muestra una aparente sensación emotiva de resentimiento, como si se tratara de una ofensa agraviante que pudo haber ocasionado José María Arguedas en su primera réplica, cosa que como habrá constatado el lector, no fue así. ¿Entonces la pregunta es, porqué una reacción sentida, cargadas de ínfulas, desdén y hasta cierto punto de desprecio contra José María

---

79 JULIO CORTÁZAR, entrevista de Rita Guilbert para Life, *París*, enero de 1968.

Arguedas?   Interrogante que se han planteado destacados escritores que abordaron este asunto y a la vez, respondieron cada uno desde sus puntos de vista. Es más, La réplica de José María Arguedas, no se dejó esperar, bajo el título de *Inevitable comentario a unas ideas de Julio Cortázar*, el 1° de junio de 1969, en el diario El Comercio de Lima, responde textualmente así:

"Luego de unos días de vacilación me he decidido a comentar algunas de las expresiones e ideas de Julio Cortázar que aparecen en la entrevista que concedió a *Life* del 7 de abril. He vacilado mucho porque **he de referirme únicamente al tema de los escritores "exilados" y al desprecio que Cortázar me dedica por la confesión que hice de mi "provincialismo"** en el primer y muy *sui generis* capítulo de la novela que intento escribir, y que se publicó en el número 6 de la revista *Amaru*, de Lima. **En esas páginas manifesté, también de manera muy *sui generis*, pero respetuosa, mi discrepancia con el señor Cortázar respecto de la excesiva rotundidad con que afirma que más profunda y sustancialmente entienden e interpretan a Latinoamérica los escritores que viven fuera de ella, especialmente en Europa.** El respeto con que lo traté en esas páginas se ha convertido ahora en un mutuo menosprecio entre Cortázar y el que escribe estas líneas. Afirma Cortázar que "en los últimos años el prestigio de estos escritores –de los absurdamente denominados "exilados"; cita a Fuentes, Vargas Llosa, Sarduy y García Márquez– ha agudizado, como era inevitable, una especie de resentimiento consciente o inconsciente de parte de los sedentarios...", es decir, de quienes trabajamos en Latinoamércia. Por el contrario, creo que podemos asegurar que la obra de estos escritores ha despertado admiración y orgullo, salvo el caso de quienes andan siempre resentidos contra éstos y aquéllos. ¿Cómo podría probar Cortázar que hay resentimiento y hasta agudizado contra García Márquez, Vargas Llosa y él mismo en América Latina? La única "prueba" que ofrece es no sólo insensata sino algo repudiable. Causa verdadero disgusto tener que expresarse así de un escritor tan importante a quien **la gloria le hace comportarse, a veces, a la manera de un Júpiter mortificado**, no por explicable menos lejano de su frecuente papel de sapiente y hábil agitador. He aquí la insensata "prueba" a que me he referido: "Prefiriendo visiblemente el resentimiento a la inteligencia –dice Cortázar–, ni Arguedas ni nadie va a ir demasiado lejos con esos complejos regionales, de la misma manera que ninguno de los "exilados" valdría gran cosa si renunciara a su condición de latinoamericano para sumarse más o menos parasitariamente a cualquier literatura europea." Admiro con todas mis fuerzas, lo he dicho, a García Márquez; admiro con la intensidad de un "provinciano" a Vargas Llosa, admiraba realmente a Cortázar. He sentido y siento odios y ternuras; el resentimiento aparece sólo en los desventurados e impotentes. Yo soy un hombre feliz y continuaré siéndolo mientras pueda seguir trabajando, aquí o allá. La "prueba" de Cortázar resulta, pues, contraria. En el mismo párrafo citado Cortázar afirma también que se puede renunciar a la condición de latinoamericano. **No; no es posible si realmente se ha llegado a tener la condición de tal. Porque si lo intentara, en el propio curso del intento se le descubriría, ya fuera este latinoamericano, artista, lavaplatos o comerciante**. No voy a comentar las otras expresiones de desprecio que desde esa fortaleza de *Life*, tan juiciosamente tomada, me dedica Cortázar, porque son personales y no importan: bastará con que conteste a una pregunta que me hace, un tanto a la manera como ciertos gamonales interrogan a sus indios siervos: "¿Se imagina que vivir en Londres o en París da las llaves de la sapiencia?" No, señor Cortázar, no me imagino eso. Y ahora la segunda cuestión. Me dice Cortázar: "A usted no le gusta exilarse...", y a continuación me interroga: "¿por qué, entonces, dudar y sospechar de los que andan por ahí, porque eso es lo que les gusta? Los "exilados" no somos..." **Con respecto a usted y los escritores que usted cita como *exilados* yo nunca he manifestado duda ni sospecha; al contrario, he sentido un verdadero regocijo por haber creado ustedes —Fuentes es cosa aparte— precisamente en Europa obras que han convivido e interesado casi en todo el mundo**. ¿En qué se funda usted para asegurar que dudo y sospecho? Mario Vargas Llosa ha fundamentado muy claramente la razón de su preferencia, de su necesidad de vivir en Europa. Lo ha hecho con energía, aunque ha exagerado un poco —y digo esto teniendo en cuenta mi ya largo trabajo con residencia en el Perú—, ha exagerado un poco los terribles obstáculos que un escritor tiene que vencer en casi todos los países latinoamericanos para poder crear. **Ni Cortázar, ni Vargas Llosa, ni García Márquez son exilados. No sé de dónde ni de parte de quién surgió este inexacto calificativo con el que, aparentemente, Cortázar se engolosina.** Ni siquiera Vallejo fue un verdadero exilado. A usted, don Julio, en esas fotos de *Life* se le ve muy en su sitio, muy "macanudo", como diría un porteño. No es exilado quien busca y encuentra –hasta donde es posible hacerlo en nuestro tiempo– el sitio mejor para trabajar. A pesar de su pasión y muerte Vallejo escribió lo mejor de su obra en París, y quién sabe si no habría llegado a tanto si no se hubiera ido a Europa. Empiezo a sospechar, ahora sí, que el único de alguna manera "exilado" es usted, Cortázar, y por eso están tan engreído por la glorificación, tan folkloreador de los que trabajamos *in situ* y nos gusta llamarnos, a disgusto suyo, provincianos de nuestros pueblos de este mundo, donde, como usted dice, ya se inventaron y funcionan muy eficientemente los *jets*, maravilloso aparato al que dediqué un *jayllay* quechua, un himno bilingüe de más de cinco notas como felizmente las tienen nuestras quenas modernas"[80]. (los resaltados en negrita son míos)

Después de esta secuencia de intercambios, sazonadas con cierta dosis de ironía, ínfula y displicencia, la opinión literaria latinoamericana de aquel entonces, fue bifurcándose en dos corrientes.

---

80 JOSÉ MARÍA ARGUEDAS, *Inevitable comentario a unas ideas de Julio Cortázar*, El Comercio, Lima, 1 de junio de 1969, recogido en *El zorro de arriba y el zorro de abajo*, José María Arguedas, ALLCA XX, 1997, edición crítica Éve-Marie Fell, págs. 411-413.

Quienes entendían en el modernismo literario de Latinoamérica, como una fuerza socio-cultural regional o territorial que nacía "de adentro hacia afuera", como que venía gestándose en cada país, desde Ricardo Güiraldes (1886-1927), Joao Guimarâes Rosa (1908-1967), Juan Rulfo (1918-1986), Augusto Roa Bastos (1917-2005), Gabriel García Márquez (1927-2014), en su momento entre otros y a quienes prácticamente Arguedas, representaba; y otros, planteaban que la modernización literaria, debiera venir "de afuera hacia adentro", de Europa; en otras palabras, el extranjerismo, la globalización en ciernes, liderado por Julio Cortázar, radicado en París y con él, connotados escritores latinoamericanos como: Mario Vargas Llosa (1936), Alejo Carpentier(1904-1980), Carlos Fuentes (1928-2012) y otros, que después serían los abanderados del "boon".

En el curso de esta polémica, fue evidente que José María Arguedas, recibió ataques virulentos contra su propuesta. Aun así, demostró por una parte, sobriedad, decencia y modestia personal y por otra, puso al descubierto la desnaturalización y el apabullamiento comercial eurocéntrico del extranjerismo literario en el cambio social de Latinoamérica.

En relación a lo que Julio Cortázar, afirmaba que Arguedas fue quien los llamó "exiliados", tardíamente aclaró el escritor mexicano Carlos Fuentes (1928-2012), conspicuo seguidor de Cortázar y conformante de la pléyade del "boon", quien en uno de sus últimos ensayos *La gran novela latinoamericana* (2011), refirió el tema de "los exiliados", citando que quién, había dejado dicho fue Jorge Luís Borges y lo confirmaba el propio Cortázar, en estos términos: "Los argentinos somos europeos exiliados. Esto _o algo comparable_ dijo Borges y confirmó Cortázar"[81]. De modo que José María Arguedas, en este intríngulis fue injustamente calumniado.

En *La gran novela latinoamericana* del mexicano Carlos Fuentes, cuyo contenido registra y elogia escrupulosamente el aporte literario de una pléyade de escritores latinoamericanos, llamó clamorosa atención y causó estupor entre la comunidad literaria que Fuentes, al parecer deliberadamente, dejó excluido al insigne escritor peruano José María Arguedas, abanderado de la literatura regional latinoamericana. Omisión que a la distancia emana rasgos de miseria, que solo se podía explicar como

---

81 CARLOS FUENTES; *La gran novela latinoamericana,* Santillana Ediciones Generales S.A de C.V., Primera edición, México 2011, p.334.

un "silencio vengativo" o castigo en contra de José María Arguedas, por algunas expresiones que dejó este, como esta alusión: "¡Ah! La última vez que vi a Carlos Fuentes, lo encontré escribiendo como a un albañil que trabaja a destajo. Tenía que entregar la novela a plazo fijo. Almorzando, rápido, en su casa. Él tenía que volver a la máquina".[82]

7. La polémica vista por otras personalidades literarias

Las displicencias que a raíz de esta polémica le prodigaron a José María Arguedas, fueron sentidas y lamentadas por personalidades de trascendencia mundial. Es el caso del gran escritor uruguayo Juan Carlos Onetti Borges (1909-1994), quien en una entrevista que otorgara el 6 de enero de 1993 al periodista tenerifense Juan Cruz (1948), expresó sus puntos de vista. La conversación entre Juan Carlos Onetti (JCO) y Juan Cruz (J.C) el entrevistador), se trascribe en lo que corresponde a la polémica en cuestión:

JC.-¿Y Cortazar? Pregunta el periodista.

---

82 JOSÉ MARÍA ARGUEDAS, *El zorro de arriba y el zorro de abajo*, Buenos Aires, Losada, 1971, p. 26.

JCO.- Y con Cortázar, mira, muy amigos, yo lo había conocido muy vagamente en Buenos Aires, nos hicimos amigos, pero él todavía no había hecho su obra, creo que sí había escrito Los Premios, que a él le entusiasmaba mucho y a mí no, sobre todo, no después, al compararlo con lo que escribió posteriormente ¿ no?. Pero tal vez en ese momento Los Premios, solos, solitario, me hubiera parecido un buen libro. Ahora, después, lo comparé con el resto de lo que fue escribiendo Cortázar y entonces me pareció inferior, por ejemplo inferior a la famosa Rayuela y los cuentos, tiene cuentos admirables, para mí, por ejemplo Ud. habrá oído hablar de El perseguidor...

JC.- ¿Y cómo ser humano qué le parecía Cortázar?

JCO.- Acá entramos en un problema. Mira, te voy a decir, él siempre se mostró como un hombre muy humilde, muy desinteresado, pero nada. Era de una vanidad tremenda y la polémica que tuvo con mi amigo peruano, el de Los ríos subterráneos **(profundos)**, Arguedas, un gran escritor, que se suicidó, dos veces se suicidó. La primera lo salvaron. Un libro de él termina diciendo que la gran ambición suya era ir a Montevideo para estrecharle la mano a Onetti.[83] Así que te das cuenta que nos

---

83   Nota: Onetti, se refiere a esta expresión de Arguedas: "Onetti tiembla en cada palabra, armoniosamente; yo quería llegar a Montevideo - estoy en Santiago- entre otras cosas para saludarlo, para tomarle

queríamos, sabía además mucho. Este escritor peruano había criticado el desinterés de Cortázar por los problemas latinoamericanos de los indios y este hombre vivía dedicado, tenía una granja para niños indígenas.... (...) Con **Arguedas, en una declaración, elogiaba el talento de Cortázar pero lamentaba que no se preocupara por la gente pobre, los humildes, sobre todo los indígenas, de Latinoamérica y Cortázar le contestó de una manera muy desagradable para mí, diciéndole: Ud. está tocando una quena en el Perú y yo dirijo una orquesta sinfónica en París**. Es una grosería, sobre todo conociendo a este peruano, que era uno de los hombres más dulces que he conocido. ¿Y qué fue lo que le dijo a Cortázar? No era ofensivo, era como una invitación a que lo hiciera, pero bueno, eso fue una miseria...[84] (Lo resaltado en negritas y el agregado entre paréntesis, son míos).

Resumiendo el diálogo que precede, para Juan Carlos Onetti, conocido como *«uno de los*

---

la mano con que escribe". JOSÉ MARÍA ARGUEDAS, *El zorro de arriba y el zorro de abajo;* Santiago de Chile, 10 de Mayo de 1968, publicado en la revista Los libros N°6, diciembre 1969.

84 LA EXTRAORDINARIA ACTITUD DE JUAN CARLOS ONETTI, Entrevista a Juan Carlos Onetti por Juan Cruz , tomado de: http://www.onetti.net/es/entrevistas/cruz,

pocos existencialistas en lengua castellana», el escritor argentino Julio Cortázar, *"Era de una vanidad tremenda"* y sus actitudes, cargadas de grosería y miseria frente a Arguedas; en cambio sobre el peruano José María Arguedas, fue distinta y decía: *"era uno de los hombres más dulces que he conocido"*, con esta su expresión, resume todo.

Sin duda las connotaciones posteriores de esta polémica o intercambio, motivaron a que destacados escritores, críticos y analistas se ocuparan del asunto en sendas publicaciones. En particular y desde mi punto de vista, resulta trascendente el enfoque integral de otro uruguayo, del gran ensayista y crítico de Latinoamérica Ángel Rama Facal (1926-1983); éste, caracteriza a José María Arguedas así: Se trata de José María Arguedas, a quien se puede tener por el mejor sismógrafo para registrar estas peculiaridades culturales. En su polémico "Primer Diario"" de su novela póstuma *El zorro de arriba y el zorro de abajo,* hace una ardiente proclama de fe provinciana, oponiéndose al sedicente universalismo que caracterizaría, según él, a otros escritores latinoamericanos y descubriendo, correctamente, que ese nuevo principio, en la circunstancia histórica que estaba viviendo el continente, se traducía en la adopción del "profesionalismo", coronando el proyecto que habían adoptado a fines del XIX los "modernistas" hispanoamericanos. Arguedas se declara anti-profesionalista, como ya lo habían de un modo u otro consignado los escritores a quienes considera sus iguales, los miembros de su "familia narrativa". Aparte de criticar al "universalismo" por tratarse de otro tipo de provincianismo, de aquellos que no osan decir su nombre, con lo cual viene a coincidir sin saberlo con los europeos que comienzan a abandonar la concepción eurocéntrica de la cultura que había servido de base a la vasta construcción reinterpretadora del universo cuya decrepitud anunciara mucho antes Paul Valéry, Arguedas, procede a establecer semejanzas y diferencias en ese modo oscuro, intuitivo, certero, coloquial y hasta vecinal con que observa la realidad. Elige como sus congéneres dentro de los narradores latinoamericanos a Juan Rulfo, Gabriel García Márquez y Joao Guimaraes Rosa (parcialmente también a Juan Carlos Onetti) más que atendiendo a semejanzas estilísticas o preferencias temáticas, por los comportamientos humanos donde percibe cosmovisiones culturales afines. Simultáneamente establece distancias máximas con escritores como Julio Cortázar y Carlos Fuentes, en cuyos "universalismos" se diría que ve un peligro personal, un cuestionamiento de su equilibrio interior, y distancias medias con Alejo Carpentier y con Mario Vargas Llosa, en quienes reconoce inclinación e interés por su medio provinciano aunque desde posiciones que no son estrictamente las de un integrante. No pienso que se haya equivocado- afirma Rama- en una selección a la que es posible llegar, desde otro ángulo, mediante un estudio racional de las obras de arte de estos escritores y es comprensible, aunque no necesariamente compartible que, dado que habla desde adentro de su circunstancia cultural y en un período muy tenso de su vida, no pueda reconocer las aportaciones artísticas válidas qué en sus respectivos campos cumplían los escritores de quienes se distanciaba.[85] Rama concluye sobre la polémica Arguedas/Cortázar, en estos términos: La infausta polémica que al texto de Arguedas se siguió, entre éste y Julio Cortázar, partía de ese equívoco: ambos manejaban distintas cosmovisiones culturales, probablemente las más opuestas que se pudieran dar dentro de América Latina como que representaba una al centro de la modernización, Buenos Aires, y otra a una cultura indígena peruana. Curiosamente eran dos hombres

---

85 ÁNGEL RAMA; *Los procesos de transculturación en la narrativa latinoamericana*, Universidad Central de Venezuela, pp.34-35

destinados a comprenderse, mucho más de lo que ellos mismos pudieran haber creído, por lo que hay en Julio Cortázar de revisión incesante de los mismos valores de su cultura originaria.[86]

Otra distinguida uruguaya, Mabel Moraña, profesora en el Departamento de Literaturas y Lenguas Románicas en Washington University, analiza el contexto socio-político, cultural y literario en el que se produjo la polémica Arguedas/Cortázar y ensaya las implicancias temporales y espaciales (la territorialidad y forasterismo) que ha devenido en la literatura de Latino América. Al respecto, Moraña nos dice esto: "Los temas centrales del debate (la relación entre cultura y política, la naturaleza de la función intelectual en la América Latina posterior a la Revolución Cubana, la tensión entre localismo y cosmopolitismo, etc.) son abordados a partir de zonas de experiencia cultural bien diferenciadas (y sin duda legítimas, cada una en su registro). Por otra parte, ambas perspectivas revelan visiones subjetivas que pueden ser contrastadas, aunque es obvio que esa contraposición no requiere ni admite la aniquilación del contrincante. (...) la polémica articula la posición de ambos escritores en torno a la relación entre lo nacional y lo foráneo o, más

---

86 ÁNGEL RAMA; *Los procesos de transculturación en la narrativa latinoamericana*, Universidad Central de Venezuela, p.35

precisamente entre la labor intelectual desplegada *in situ,* dentro del territorio nacional, y la desarrollada en el exterior. Arguedas que ha pasado a representar dentro de los estudios latino americanos el prototipo del productor cultural postcolonial defiende el vínculo entre su asentamiento "provinciano", la marginalidad social en países aun marcados por privilegios de clase, raza, etc., e, implícitamente, el acceso a saberes locales. Cortázar, por su lado, fundamenta los beneficios de la distancia en la labor intelectual, indicando que "una visión supranacional agudiza con frecuencia la captación de la esencia de lo nacional" (...) Arraigada en el telurismo andino y nutrida por tradiciones y mitos del mundo indígena, la literatura arguediana se plantea como una alternativa al occidentalismo: reivindica las visiones y matrices conceptuales de pueblos devastados por el colonialismo que sobrevive en los márgenes de la nación moderna. (...) A través de la polémica Arguedas/Cortázar, sin embargo, el mundo aparece claramente repartido entre los escritores de adentro y los de afuera, entre los "provincianos" y los "forasteros" o extranje-rizantes, los vocacionales o aficionados y los profesionales, los que incorporan a su poética los elementos populares, la tradición, la oralidad, el mito, y los que componen su mundo con los aportes de la modernización literaria y la experiencia de la exterioridad, los que entienden su obra como una aproximación crítico-etnográfica a los universos representados y los que reivindican la autonomía de la ficción, los que practican un "etnocentrismo rural" o indigenista (Bernabé 2006: 13, n. 13) y los que definen por su "cosmopolitismo eurocéntrico" (...)   ...el aparte de aguas que se produce en el contexto de la polémica sitúa en el espacio encabezado por Arguedas a otros escritores igualmente apegados al sustancialismo regionalista aunado en las fuentes de la cultura popular o indígena, la oralidad, el mito, las tradiciones y la naturaleza americana (Guimaraes Rosa, Rulfo, Roa Bastos y el mismo García Márquez). Estos forman parte del universo de los transculturados identificados por Rama como miembros de una misma legión. Del lado de Cortázar quizás la más notoria alianza se establece con Mario Vargas Llosa, a quien el escritor argentino nombra en sus intervenciones para fundamentar la legitimidad y la efectividad de su propio proyecto. En sus comentarios sobre la polémica, Vargas Llosa restaría importancia a los temas tratados y minimizaría su proyección sobre escenarios más actuales (...)[87] Concluye Moraña, identificando en el contexto cultural actual, las consecuencias de la dicotomía Territorialidad/ extranjerismo, en estos términos: "La mercantilización de lo simbólico y la fetichización de lo político -dos direcciones que los años sesenta contribuirían a consolidar-terminan produciendo la volatilidad de lo ideológico. En ese borde, en el cual seguimos instalados, y al tiempo que otras voces de la brillante escena de la década de los sesenta se siguen diluyendo ante nuevas ofertas estéticas, la escritura truncada de José María Arguedas, sigue recorriendo afantasmada, los imaginarios de la postmodernidad, testimoniando la continuidad del drama histórico, político y social de América Latina y sugiriendo la necesidad de imaginar otros finales posibles para la narrativa del fracaso"[88].

Es clara la proposición de Mabel Moraña, la transculturación literaria como medio de compensar atrasos culturales, políticos e históricos en Latinoamérica, defendida hasta la muerte por José María Arguedas, fue innecesariamente

---

87 MABEL MORAÑA; *La escritura del límite*; *Territorialidad y forasterismo*: La polémica Arguedas/Cortázar Revisitada; Iberoamericana Vervuert, 2010, pp. 154-156.

88 MABEL MORAÑA; *La escritura del límite*; *Territorialidad y forasterismo*: La polémica Arguedas/Cortázar Revisitada; Iberoamericana Vervuert, 2010, p. 158.

truncada por posiciones extranjerizantes que poco aportaron a la modernización literaria, salvo a la mercantilización utilitaria de la literatura; entre tanto, los planteamientos de Arguedas, siguen vigentes.

Últimamente el escritor peruano Enrique Rosas Paravicino (Siete culebras: (Cusco 2019, 45: 28-35), reforzando la percepción suya con la opinión de dos críticos, el español Guillermo de Torre y el cubano Alejo Carpentier, sugiere que el debate Arguedas/Cortazar, sintetiza el desencuentro de dos corrientes literarias gestadas en Latinoamérica; la primera, de renombrados narradores, 'como Rómulo Gallegos, Juan Rulfo, Miguel Angel Asturias, Ciro Alegría, Joao Guimaraes Rosa o José María Arguedas', quienes desde sus países de origen, lograron descollar una literatura para la cultura, considerados por los segundos, como escritores localistas o provincianos; y los segundos, una pléyade de jóvenes escritores latinoamericanos con influencia europea, igualmente de renombre: Julio Cortázar, Gabriel García Márquez, Mario Vargas Llosa y Carlos Fuentes, promovidos por el mercado editorial europeo en América, fueron conocidos como los gestores del denominado Boom narrativo hispanoamericano. En otras palabras en el debate, José María Arguedas, personificaba a los primeros y Julio Cortázar a los segundos. Al respecto Rosas Paravicino, concluye indicando: "Sustantivos más o adjetivos menos, el debate entre Cortázar y Arguedas fue enriquecedor para comprender mejor el rol y la ubicación del escritor en un siglo como el XX que exigía compromisos y definiciones concretas"[89]

8. Entorno literario y sociopolítico del Perú previos a la novela *Todas las sangres*

José María Arguedas, surge en el escenario de la literatura y las ciencias sociales del siglo XX, demostrando que la república peruana de entonces, como continuación de un Estado colonial criollo y racista, secularizaba su existencia, manteniendo excluidas del desarrollo nacional a las sociedades originarias o indígenas y como consecuencia lógica en el Perú, coexistían dos realidades antagónicas. Los circunscritos al poder criollo dominante, acaparador de las bondades del desarrollo humano; y, los excluidos: indígenas, mestizos y criollos empobrecidos.[90] En ese contexto Arguedas

---

89 ROSAS PARAVICINO, Enrique; *El boom narrativo hispanoamericano. Un balance provisional,* en Siete Culebras, Revista Andina de Cultura, N° 45, 2019, Cusco.

90 Arguedas, relacionando al Perú como casuística concreta con el contexto global, reflexionaba: Las potencias que dominan económica y políticamente a los países débiles intentan consolidar

proponía para el Perú, una alternativa de cambio coherente, históricamente viable, integrando la cultura literaria oral y la práctica económica y política: solidaria y participativa vigente del mundo indígena, con el bagaje criollo occidental, asimilada por las sociedades originarias en los cerca de 500 años de dominación. Planteamiento que en un entorno intelectual criollo predominante, generó reacciones y actitudes encontradas. Por una parte, quienes compartían con José María Arguedas, sostenían que la literatura latinoamericana, debiera estar consustanciada al cambio político, social y económico de los pueblos originarios y por otra, los intérpretes de raigambre criolla (escritores peruanos y latinoamericanos), proponían que la modernización literaria era independiente a los cambios en la sociedad y estaban ligados a los cánones eurocéntricos, sobre todo, a las exigencias del mercado de la cultura escrita, como motor del desarrollo literario.

---

tal dominio mediante la aplicación de un proceso de dominación cultural... Se trata de condicionar la mentalidad del pueblo latinoamericano. Esta gran empresa tiene auxiliares influyentes y poderosos entre los socios latinoamericanos de los grandes consorcios... Constituyen una extensión de los núcleos que tratan de "colonizar" a los países sobre los cuales ejercen un casi pleno dominio económico y político. En J.M. ARGUEDAS, "La cultura: patrimonio difícil de colonizar", en *Formación de una cultura...., p. 188.*

En el debate, esta última corriente desde Europa, direccionó el curso de la crítica literaria de Latinoamérica, castrada del componente político, hacia objetivos utilitarios; en tal contexto, la propuesta de José María Arguedas, colisionaba con la corriente en cuestión y el autor de *Los ríos profundos*, sometido a un demoledor y publico proceso de satanización. En este contexto, aquel debate o polémica literaria con Cortázar, solo era el resumen y a la vez preludio de una nueva y feral persecución inquisitorial, que conducirá al escritor José María Arguedas, hacia un moderno Tribunal del Santo oficio.

Y esto se explica así. Los años sesenta del siglo XX, gran parte de América Latina pasó por una transición de una sociedad tradicional agrícola a una sociedad moderna capitalista[91]. En el Perú, un país segmentado, donde el sector social criollo, continuación de la colonia, concentrada en Lima, ejercía el poder omnímodo en función a sus intereses de clase, y en la antípoda, una población indígena, mestiza y criolla empobrecida, diseminada en el área rural, sobre todo serrana, sometida al influjo de una parasitaria oligarquía

---

91 KLÁRA SCHIROVÁ; *TODAS LAS SANGRES – LA UTOPÍA PERUANA,* en JOSÉ MARÍA ARGUEDAS EN EL CORAZÓN DE EUROPA, Universidad Carolina de Praga Facultad de Filosofía y Letras Praga, 2004, p.101

terrateniente que en alianza con la minería transnacional emergente, sistemáticamente se apoderaban de sus recursos agua y tierra, sumiéndolas en la pobreza y marginación. De modo que, la transición en el Perú, fue la reorientación de capitales de la burguesía tradicional (terratenientes), asociada a inversionistas extranjeros que migraron al Perú. En respuesta a esta alianza el Estado criollo, emprendió políticas de industrialización en las urbes. Estas políticas desarrollistas en un país atrasado, repercutieron en el inusitado desplazamiento poblacional del campo hacia las ciudades, acompañado de: desmedida urbani-zación, asociado al negocio de las tierras y su cambio de uso, crecimiento de la construcción y el negocio inmobiliario, vertiginoso crecimiento del consumo humano y la aparición de nuevas ramas industriales para captar el consumo, una población laboral rural-andina barata (migrantes) y, la lógica secuela de polarización social urbana.

Tales circunstancias históricas y concretas, inspiraron a José María Arguedas a repensar del Perú; escribir y editar su novela *Todas las sangres*[92]. Obra que en su contenido, resume y asocia situaciones sociales y culturales del otro

---

92 JOSÉ MARÍA ARGUEDAS, *Todas las sangres*, Buenos Aires, Losada, 1964.

Perú: vividas, acopiadas, estudiadas y planteadas por él, como una opción válida para el cambio político de la sociedad pluricultural peruana. En esta ocasión, si su emblemática obra *Los ríos profundos,* gracias a su enfoque y mensaje literario, moderno y transformador, paradoja-mente había causado revuelo y fascinación entre sus admiradores y sutil despecho, entre los literatos y escritores criollos empeñados en construir el *boom latinoamericano*; la novela *Todas las sangres,* cuyo mensaje textual, condensaba una propuesta literaria asociada al compromiso social con el cambio político de una realidad nacional, sin que su autor imaginara, prácticamente había abierto una brecha profunda de entendimiento y acción. Unos, los que con él compartían la misión de poner el talento literario al servicio de la sociedad para su cambio, se regocijaron, admiraron y aplaudieron el advenimiento de *Todas las sangres*. Con la dispensa de los muchos ilustres pensadores que coincidían con el pensamiento de Arguedas, aquí solo cito a unos cuantos: Emilio Adolfo Westphalen Milano (1911-2001), poeta peruano amigo de Arguedas, quien dejaba dicho: "esa llamarada inextinguible y visionaria en que se retiembla casi todo lo escrito por Arguedas"[93]. Igualmente el ilustre maestro y crítico literario peruano Antonio Cornejo Polar (1936-1997), sobre el pensamiento arguedasiano decía que este debería entenderse "no en términos de síntesis conciliante, sino de pluralidad múltiple, inclusive, contradictoria, que no abdica frente al turbador anhelo de ser muchos seres, vivir muchas vidas, hablar muchas lenguas y habitar muchos mundos"[94] Por su parte, el gran maestro de la transformación cultural, el uruguayo Ángel Rama(1936-1983) (1977: XXIII) dijo: "Arguedas desarrolló una habilidad consumada para leer a la sociedad en las obras de arte, de tal modo que sus estudios de campo consagran más espacio a este aspecto que a los restantes de tipo sociológico, pudiendo mediante los datos de naturaleza artística interpretar al conjunto social". De modo similar el escritor chileno Jorge Edwards Valdez, recordaba y opinaba así: "Arguedas, en su persona y en su obra, era la síntesis extraordinaria del ancestro hispánico y de la cultura indígena".[95]

---

93 E.A. Westphalen, «la última novela de Arguedas», en *Escritos Varios de Arte y Literatura*,México, FCE, 1997.
94 A. Cornejo Polar, *Escribir en el aire, op. cit.,* cap. III.
95 J. Edwards, «A pesar de la ira», *El País,* 12 agosto 2001; P. Lastra, «Leído y anotado. Letras chilenas e hispanoamericanas. Imágenes. Encuentros (Imágenes de José María Arguedas)», Santiago de Chile, ed. Lom, 2000, págs. 135-145.

En el flanco opuesto, escritores criollos, abiertamente contrarios al pensamiento arguediano; sobresaltados ellos, por el éxito editorial, la influencia del mensaje de cambio social que la novela *Todas las sangres,* trasmitía en la población y porque no deducir también, eclipsados por el prestigio que el autor de esta obra había logrado en Latinoamérica, decidieron declarar una *guerra fría* a José María Arguedas.

A diferencia de la polémica ya conocida por el lector, esta vez, la temática coartada será: *Literatura Peruana y Sociología.* Una añagaza teorética, para justificar la defensa del Estado criollo que a esas alturas del tiempo empezaba a tambalear. Dicho de otro modo, la efervescencia de los movimientos revolucionarios rural-indígenas, presionaban a los gobiernos de turno y exigían cambios estructurales; tal es así que en 1962, estando el Perú en manos de una Junta Militar de gobierno presidido por Ricardo Pérez Godoy, enarbolando el lema: *Tierra o muerte,* Hugo Blanco Galdós, desde la provincia de La Convención, departamento del Cusco, agita a la población indígena, mestiza y criolla empobrecida e induce a la recuperación se sus tierras usurpadas por los terratenientes. Movimiento que eventualmente concluirá, en el confinamiento del insurrecto en la penitenciaría de

El Frontón y desde donde también, entrará en contacto epistolar con José María Arguedas[96]. También en este contexto, el 15 de mayo de 1963 en Puerto Maldonado, se da la muerte en acción de lucha del poeta peruano y guerrillero Javier Heraud Pérez, hecho que remecerá al Perú. El maestro Arguedas, se solidariza y como homenaje póstumo al acto heroico del poeta, alcanza a los estudiantes un discurso, el que será leído en sendos actos de homenaje en todas las universidades del Perú. Aquí, un fracmento de sus expresiones: "...Dada la personalidad de Javier Heraud, sólo dos posibilidades se le ofrecían en el Perú: la gloria literaria o el martirio. Prefirió la más ardua, la que no ofrece recompensas, a las que humanamente aspiran casi todos los hombres. Es raro que en un país como el nuestro se presenten ejemplos como este. Hasta el día de hoy, quienes tienen la responsabilidad del gobierno y del destino del Perú no han permitido sino un solo campo de acción para quienes anhelan la justicia verdadera, es decir, el camino abierto hacia la igualdad económica y social que a la igualdad de la naturaleza humana

---

96 Léanse: la primera carta de Hugo Blanco Galdós dirigida a José María Arguedas desde el Frontón de fecha 14 /11/19169, la respuesta de José María Arguedas y, la segunda carta de Hugo Blanco, en: www.luchaindigena.com/2009/05/cartas-entre-jose-maria-arguedas-y-hugo- blanco/comment-page-1/Cartas entre José María Arguedas y Hugo Blanco

corresponde; ese camino es el de la rebelión, el del acoso y el de la muerte. Javier lo eligió; pero no olvidemos que lo obligaron a elegir. Quizá habría procedido de otro modo en un país sin la crueldad que se requiere para mantener niños esclavos, «colonos» esclavos y barriadas en que el perro vagabundo y el niño sin padre comen la basura juntos. Para los que están ciegos de egoísmo y de furor contra los que claman por un poco de justica, la muerte de Javier, por mucho que pretendan desfigurarla, es una advertencia suficientemente elocuente, quizá la única eficaz; para los otros egoístas de todo tipo: estudiantes o no, **escritores que únicamente se ocupan de labrar «su gloria»** y no de expresar la vida con la mayor pureza, al caso de Heraud es también una advertencia. Creo que Javier ha encontrado la inmortalidad verdadera que la poesía por sí sola acaso no le habría dado. No lo olvidemos. Defendámoslo noblemente."[97]

---

97 JOSÉ MARÍA ARGUEDAS; *JAVIER HERAUD, Texto leído en la Universidad de Ingeniería en el año 1966, p.13, en:* LIBROS &ARTES, Revista de cultura de la Biblioteca Nacional del Perú, Año XI N°52-53, Abril 2012. Nota: El resaltado del discurso en negritas, son míos.

El movimiento indígena siguió su curso; tras el ascenso al poder del Arq. Fernando Belaúnde Terry (su primer gobierno) y la incapacidad de éste en solucionar los problemas estructurales del país, en 1964, se generalizan las tomas de tierra en los latifundios de la sierra sur y centro y las guerrillas, se expanden del sur hacia el centro y norte del país. Luis de la Puente Uceda, prominente líder del Movimiento de Izquierda Revolucionaria (MIR) es quien comanda y con él: Guillermo Lobatón, Gonzalo Fernández Gasco, entre otros. Ellos, desde Mesa pelada, en la provincia de La Convención del Cusco, desafían al gobierno de turno. Igualmente, son reprimidos y concluye con la muerte de dos de sus líderes principales y con ellos otros luchadores sociales.

En este contexto socio-político, emerge la novela *Todas las sangres,* con un mensaje de cambio del Perú formal en aparente crisis; mensaje que será acogido con beneplácito entre la sociedad excluida; que desde luego, preocupaba a los gobiernos de turno y en particular a quienes dirigían las políticas de seguridad nacional. En el contexto descrito, el objetivo del gobierno de turno era, neutralizar mensajes y movimientos que perturbaren la inquieta y heterogénea sociedad peruana, viniere de donde viniere.

En tal ambiente, la novela *Todas las sangres,* no era otro libro más, aquello que ilustres y compasivos pensadores criollos indigenistas, solían ensayar del Perú, para enervar la conciencia crítica de la población originaria y cuidar así, la estabilidad del estado criollo. No, el autor de *Todas las sangres*, era José María Arguedas, el pensador y escritor indígena, reconocido y valorado por toda la comunidad literaria continental, para quien las técnicas de persecución inquisitorial, sometiendo a la hoguera autor y libros ya no se prestaban.

9. Un moderno *auto de fe* contra José María Arguedas y la persecución neoliberal del pensamiento indígena

9.1 Contexto invisible del Auto de fe

Dado que los antecedentes sociopolíticos de aquel entonces, asociado al impacto social y literario que la novela *Todas las sangres*, perturbaba la estabilidad del estado oligárquico; la forma policíaca de cuidar "la seguridad del Estado Nacional" quemando libros alevosos, torturando y encarcelando a su autor, ya no se adaptaban para el juzgamiento de José María Arguedas, obligó a sus inquisidores, ensayar una novedosa guerra subliminal que desnaturalice el mensaje de la novela en la sociedad y a la vez, desprestigie e invalide los pensamientos de su autor. El intelectual apurimeño, confiado en su pureza indígena, sin pensar que su novela *Todas las sangres*, estaba considerado en el *index limeño*, como *libro prohibido*, será atrapado en el ardid del moderno *Santo Oficio* criollo. Esta vez, ya no será sometido a torturas, ni interrogatorios de rústicos curas o militares en hediondos calabozos y, sentenciado a las umbrías celdas de la penitenciaría. No, será invitado con tarjeta de letras doradas, acogido en elegantes ambientes y celadores cultos, algunos intelectualmente "cercanos a él", para abordar un tema: *"Literatura Peruana y Sociología"*. Para que esta confabulación muestre, diferencias evidentes con los procesos inquisitoriales medievales y, simule una refriega de teoría literaria y sociológica, los intelectuales criollos empeñados en escarmentar al escritor Arguedas, exhibirán: razones conceptuales, acordes al momento histórico del tema a tratar.

Los inquisidores, serán expertos y probos en materia literaria, filosofía, sociología, política, economía, urbanismo e indigenismo; en palabra de Arguedas, unos *doctores*. Un palacio ambientado en uno de los salones del Instituto de Estudios Peruanos (IEP) de Lima; un banquillo del acusado conectado a sofisticados aparatos de grabación;

eruditos tribunos inquisidores, prestos a señalar con el *dedo de dios* al escritor José María Arguedas por escribir una novela que proponía cambio social y político para un país segmentado en criollos e indígenas, mestizos y criollos empobrecidos.

9.2. Sinopsis sobre el *modus operandi* del Auto de fe

Ahora, viene al caso, ensayar una sinopsis sobre cómo sus promotores, organizaron, condujeron y lograron su objetivo central y cómo también, años después reflexionarán al respecto. Para este fin, se acudirá a documentos producidos y/o reconstruidos por los mismos intelectuales que atestiguaron *in situ* y resaltaron los hechos del *interrogatorio,* así como la percepción de otras personalidades preocupadas del asunto.

En primer lugar nos apoyeremos como lectura obligada, la del literato y lingüista peruano Alberto Escobar (1929-2000), quien en 1985, veinte años después del evento, publicó su obra: *Mesa Redonda sobre* TODAS LAS SANGRES, *23 de junio de 1965,* editado por el Instituto de Estudios Peruanos IEP; texto que resume una descripción reflexiva sobre lo acontecido en el *Auto de fe,* al que fuera sometido José María Arguedas y del cual, Escobar, fue copartícipe y defensor solitario de su colega escritor, pero, con voz apagada. En otras palabras, la edición de este libro después de veinte años, desde el punto de vista de este autor, tuvo un aparente propósito autocrítico, una justificación ante la historia, para desagraviar al pensador apurimeño y dejar despejada las dudas que sobre su actuación como autoridad literaria y amigo personal de Arguedas se levantaron después. La portada de esta obra, resume en su titular, como una forma subliminal de expresar indignación transcribiendo aquella frase interrogativa que José María Arguedas, dejara dicho, después del nefasto evento: *¿He vivido en vano?*

Esta obra después, fue analizada y reeditada por Guillermo Rochabrún (Lima, IEP-PUCP, 2000), quien además, corrige la versión anterior e incluye textos adicionales; sobre el tema, le cupo también estudiar a Dorian Espezúa Salmón, en un ensayo *Científicos sociales versus críticos literarios en defensa de Todas las sangres en debate,* San Marcos N° 25, Lima 2006 y, en su tesis para optar el grado de Magister en la Universidad Nacional Mayor der San Marcos, con el mismo título (2007) y muchos otros autores más.

Quien escribe este ensayo, contrastando sus percepciones con el acontecer político nacional y continental de entonces, tiene razones suficientes para afirmar que este proceso estuvo previamente dirigido, en armonía al interés político continental imperante, donde la temática *"Literatura Peruana y Sociología"*, no era más que una justificación destinada a desacreditar el avance creciente de la novela *Todas las sangres;* tal objetivo estuvo a cargo de respetables personalidades del Instituto de Estudios Peruanos IEP. Al respecto, el mismo Alberto Escobar, ratifica después, indicando: "La segunda Mesa Redonda fue para discutir, incluso con el autor presente, la novela *Todas las sangres* recientemente aparecida con gran resonancia en el mundo cultural de la época"[98]; tal propósito, como se verá más adelante no se dio.

10. Eventos previos a la *fatídica mesa redonda*

10.1. Primera Mesa Redonda sobre Literatura Peruana y Sociología

Aquí una ayuda memoria. Se inició con un foro denominado *"Primera Mesa Redonda sobre Literatura Peruana y Sociología"*, que tuvo lugar en el Instituto de Estudios Peruanos IEP, el 26 de mayo de 1965 con la intervención de personalidades de la

---

98 ESCOBAR, ALBERTO; *Mesa Redonda sobre* TODAS LAS SANGRES, *23 de junio de 1965,* IEP (1985) p.2

cúspide literaria del Perú de entonces: el escritor Sebastián Salazar Bondy (1924-1965), el Ingeniero de minas y escritor Jorge Bravo Bresani (¿...?-1983), el escritor y lingüista Alberto Escobar(1929-2000), el psicólogo y escritor Enrique Solari Swayne (1915-1995), el antropólogo y escritor José Matos Mar (1921-2015), el escritor Mario Vargas Llosa, hoy Premio Nobel de literatura, el escritor y literato José Miguel Oviedo. El tema central, *Literatura Peruana y Sociología;* en esta *Mesa Redonda,* no estuvieron presentes sociólogos; salvo, Matos Mar, que intermediaría como sociólogo. Conforme comenta Víctor Vich, se llevó a cabo en un ambiente de cordial discusión: "En buena cuenta, podemos decir que dos fueron las preguntas que se intentaron responder en el mencionado debate, una de ida y otra de vuelta: ¿qué aporta la literatura al conocimiento sociológico? y ¿qué aporta la sociología a la mejor comprensión del texto literario? De una manera o de otra, los diferentes comentarios desarrollaron estos temas e intentaron contribuir al respecto. De hecho, la mesa comenzó con una larga intervención de Bravo Bresani, que subrayó el hecho de que el artista fuese siempre un sujeto condicionado por su época, es decir, un sujeto situado en una coyuntura particular".[99] Sin duda, fue el escritor Mario Vargas Llosa, quien ocupó el mayor tiempo en exponer temas literarios interrelacionados con las ciencias sociales: "la literatura no solo produce una imagen del mundo que sirve para observar las dinámicas de algunos procesos sociales, sino que su poder radica sobre todo en dar cuenta sobre *cómo esos procesos sociales son vividos* por los personajes que están inscritos en ellos".[100] Como él, los escritores: Enrique Solari Swayne, Sebastián Salazar Bondy, Alberto Escobar, José Miguel Oviedo, José Matos Mar y Jorge Bravo Bresani, expusieron lo suyo para afinar el pensamiento teórico sobre realidad social y literatura[101]. Como corolario el tema central *Literatura Peruana y Sociología,* fue abordado por literatos y desde una perspectiva literaria, más no sociológica, tampoco se cotejaron obras literarias en boga como: *La casa verde* de Mario Vargas Llosa y el ensayo *Lima la horrible* de Sebastián Salazar Bondy, cuyos autores se encontraban presentes y el tema, exigía que así fuese.

---

99 VÍCTOR VICH. *Pensando el Perú desde la literatura: El aporte del Instituto de Estudios Peruanos,* p.26. En *50 AÑOS PENSANDO EL PERÚ: Una reflexión crítica.* Martín Tanaka, editor; Primera edición, Lima, julio de 2014.

100 VÍCTOR VICH, Obra citada. P. 28

101 Nota: A efectos de ampliar más sobre esta Primera mesa, léase a: CARMEN MARÍA PINILLA. *Primera mesa redonda sobre literatura peruana y sociología del 26 de mayo de 1965.* Lima, IEP, 2003.

10.2. Primer Encuentro de Narradores Peruanos

Entre el 14 y el 17 de junio del año 1965, se realizó en Arequipa, el *Primer Encuentro de Narradores Peruanos*. Parafraseando a Melisa Moore, quien asume que este encuentro fue importante porque además de ser el primero en el Perú, permitía reunir a dos generaciones de escritores y críticos literarios, para debatir el papel del escritor en la sociedad. El evento reunió autores y críticos literarios de por lo menos dos distintas generaciones. Entre ellos se encontraban: Sebastián Salazar Bondy, José María Arguedas, José Miguel Oviedo, Ciro Alegría, Alberto Escobar. Se realizaron tres debates y abordaron temas referidos a la creación literaria tradicional del Perú y la producción de la época e incluyó además, la percepción de José Carlos Mariátegui y el indigenismo. En el fragor del debate, fue evidente percibir diferencias entre Sebastián Salazar Bondy, apoyado por José Miguel Oviedo, que proponían la noción de "realidad verbal" y, José María Arguedas, respaldado por Ciro Alegría, fundamentaba la "realidad-realidad" o la "realidad vital". Fricción que fue atenuado con la mediación de Alberto Escobar[102]. José María Arguedas, por primera vez,

---

102 Ver: MELISA MOORE. Obra citada.

relató en público pasajes de su vida infantil[103] y en torno a su última novela comentaba: "En *Todas las sangres* está todo el Perú envuelto en esta lucha, y no solamente está el Perú sino un poco los grandes poderes que manejan al Perú y a todos los países pequeños en todas partes del mundo" (1969: 240)[104]. Sobre el encuentro de Arequipa, distinguidos críticos literarios, han escrito sendos ensayos y fueron publicados entre los años 1969 y 1986.

11. José María Arguedas y el *auto de fe*, la inquisición propiamente dicha

11.1. La conformación del tribunal

En el marco estratégico de: *"Literatura peruana y sociología"* se desarrolló la *Segunda Mesa Redonda sobre TODAS LAS SANGRES;* evento planeado con prudente anticipación, meticulosos ensayos previos e impecablemente organizado por el Instituto de Estudios Peruanos IEP,

---

103 Primer encuentro de narradores peruanos, Arequipa, 1965 (Lima: Casa de la Cultura, 1969), citado por Julio Ortega en Texto, comunicación y cultura, p. 93

104 Citado por: SANIEL E. LOZANO ALVARADO. *La narrativa indigenista de José María Arguedas*, Universidad Privada Antenor Orrego, p.54. En PUEBLO CONTINENTE, Revista Oficial de la Universidad Privada Antenor Orrego, Vol.22 N°1, Enero-Junio 2011. Trujillo, Perú.

conmemorando el primer aniversario de su fundación. El *Auto de fe,* se llevó a cabo en su local, el 23 de junio de 1965, conformaban el tribunal: literatos, sociólogos e investigadores sociales criollos, entre ellos, un extranjero.

Preside el distinguido antropólogo peruano Luis E. Valcárcel (1891-1987)[105], autor de muchas obras de mensaje indigenista, entre las tantas que produjo, esta incitante novela *Tempestad en los andes* (1927), prologado nada menos por José Carlos Mariátegui; pero L.E. Valcárcel, por azahares de la dialéctica, trocó de fogoso indigenista a defensor del *Estado criollo*; constituyéndose después en renombrado docente de la Universidad Nacional Mayor de San Marcos (UNMSM), admirador y seguidor de las corrientes antropológicas de las universidades norteamericanas, Ministro de Educación, primer Director del Instituto Indigenista Peruano(IIP:1946), después Instituto Nacional de Desarrollo de Pueblos Andinos,

---

105 NOTA.-Respecto a la participación de Luís E. Valcárcel en esta Segunda Mesa, hay quienes afirman que él, no estuvo presente. Para salir de esas dudas, cito las palabras de presentación de Alberto Escobar en el indicado evento, quien dejó dicho esto: "Por lo tanto, la cinta que hemos transcrito es la que contiene la segunda Mesa Redonda, en la que estuvieron presentes el que esto escribe y en orden de presentación: José Miguel Oviedo, Sebastián Salazar B., José María Arguedas, Henri Favre, Jorge Bravo B., José Matos Mar y Aníbal Quijano, bajo la presidencia de Luis E. Valcárcel."[ESCOBAR, ALBERTO; Mesa Redonda sobre TODAS LAS SANGRES, 23 de junio de 1965, IEP (1985, p.2]

Amazónicos y Afroperuano (INDEPA:2005) y amén de otras distinciones.

Otro de los intelectuales, fue José Matos Mar, ayacuchano (Coracora), antropólogo, docente universitario, investigador social y escritor; también fundador y Director del Instituto Indigenista Peruano (IIP), subsidiaria del Instituto Indigenista Interamericano (III), con sede en México. Fue también Fundador y Director del Instituto de Estudios Peruanos IEP (1964-1984), años después, publicará una de sus obras emblemáticas *DESBORDE POPULAR y crisis del Estado (1984)*.

Estuvo también el distinguido poeta, crítico, narrador, periodista y dramaturgo peruano, miembro de la llamada Generación del 50, el peruano Sebastián Salazar Bondy, quien escribió uno de los ensayos de crítica urbana más importantes de los últimos 50 años del siglo pasado *Lima la horrible* (1964). Sin embargo Salazar Bondy, como muchos intelectuales de su pléyade criolla presentes en la comentada Mesa redonda, mantenía una percepción excluyente del indígena. Beatriz Barrantes dice esto: "El indígena, según Salazar Bondy, es una realidad "incómoda" para la configuración social del Perú;...".[106]

---

106 BARRANTES MARTÍN, BEATRIZ; La ciudad vs. el país: Lima la horrible y otros contrabandos en el ensayo peruano. En CILHA - a. 9 n. 10 - 2008 - Mendoza (Argentina).p.26

Con estos antecedentes, es evidente distinguir a Alberto Escobar, quien consecuente a José María Arguedas, dejó dicho esto: "Pero creo estar en lo cierto, cuando afirmo que los debates que propiciaron especialmente Sebastián Salazar B. y Jorge Bravo B. marcan una época, que incluye no sólo a los amigos y colegas que nos reuníamos en las Mesas Redondas del IEP. Para el recuerdo de los que estuvimos presentes o para los que lean estas páginas, los diálogos entre José María Arguedas y Sebastián Salazar Bondy son un punto fundamental dentro de la trama de la reunión, y después será impresionante seguir las apreciaciones de Jorge Bravo, de Henri Favre y la forma como ambas posiciones encuentran una respuesta de Arguedas, en cuanto escritor y en cuanto hombre dedicado por otras vías al conocimiento de la sociedad peruana y a su estudio en distintas parcelas de la cultura, ..."[107]. Alberto Escobar, 20 años después de aquel interrogatorio desleal, mantiene aún ese sentimiento de encrucijada. Por un lado se encuentra, ante un literato e investigador social de renombre continental y amigo suyo (Arguedas), atrapado por inquisidores mal intencionados,

---

107 ESCOBAR, ALBERTO; *Mesa Redonda sobre* TODAS LAS SANGRES, *23 de junio de 1965,* IEP (1985).pp.3-8.

"eruditos", sociólogos, también amigos suyos, en el que le cupo ser defensor del interrogado con voz pero sin eco. De modo que en esta su obra, el estado de ánimo de Escobar, mantiene esa ambivalencia.

Sobre el particular, nos dice él (Escobar): "En el homenaje a Sebastián Salazar Bondy que publicó la Revista Peruana de Cultura Nos. 7-8, son mencionadas varias veces esas reuniones del IEP, así como la relación entre Sebastián Salazar Bondy y Jorge Bravo Bresani y otros contertulios del grupo que frecuentaban el IEP. [...]. En el otro artículo "Un 'Hechizamiento'" Bravo Bresani cuenta que Salazar Bondy provocó el diálogo y que sólo asistió a las dos primeras Mesas Redondas, pues Sebastián murió el 4 de julio del mismo año 65."[108] De esta cita como conclusión de contexto, se deduce que, esta *Segunda Mesa Redonda,* fue concertada previamente entre literatos-críticos y a espaldas del invitado.

Otro intelectual allí presente, fue Jorge Bravo Bresani. Sobre él, en ocasión del 50 aniversario del IEP, Víctor Vich, escribe esto: "Aquí hay algo que es muy importante de comentar: la propuesta de realizar un conjunto de mesas sobre literatura y

---

108 ESCOBAR, ALBERTO; *Mesa Redonda sobre* TODAS LAS SANGRES, *23 de junio de 1965,* IEP (1985) p.7.

sociedad no surgió de los «críticos literarios» del IEP sino de Jorge Bravo Bresani, un ingeniero de minas ya casi convertido en economista y en sociólogo. Fue la amplia vocación intelectual de la que se sentía parte, vale decir, la necesidad de comprender el Perú más allá de una simple descripción de carácter positivo, la que lo motivó a impulsar este conjunto de discusiones que, en ese momento, fueron propuestas en el formato de mesas redondas"[109]. Esta cita confirma que fue Jorge Bravo Bresani quien propuso y sustentó el tema de "Literatura Peruana y Sociología"[110], y como casuística exclusiva de discusión, propuso a la novela *Todas las sangres*. Es más, la percepción personal de Bravo B. sobre el proceso histórico del Perú, hasta aquel entonces, sustentaba con proposiciones falaces, aceptadas por los investigadores sociales e intelectuales de su entorno. Al respecto, véase un artículo suyo *Mito y*

---

109 VÍCTOR VICH. *Pensando el Perú desde la literatura: El aporte del Instituto de Estudios Peruanos*, p.25. En *50 AÑOS PENSANDO EL PERÚ: Una reflexión crítica*. Martín Tanaka, editor; Primera edición, Lima, julio de 2014

110 Nota: Bravo Bresani, en contraposición a la visión de François Bourricaud, sostenía que la oligarquía en el Perú no existía. Léase LA OLIGARQUÍA EN EL PERÚ: 3 ensayos y una polémica. Francois Bourricaud, Jorge Bravo Bresani, Henri Favre y Jean Piel. PERÚ PROBLEMA 2, Instituto de Estudios Peruanos IEP, Francisco Moncloa Editores, Lima, 1969.

realidad de la Oligarquía Peruana[111]. Con tales antecedentes, ese interés frenético de Bravo B. por desdeñar lo indígena, no fue una inquietud aislada de un investigador social, inquieto por el desarrollo del Perú, como nos aseguran sus pares del IEP; sino más bien, encarnaba el pensamiento unitario de la intelectualidad criolla izquierdisante, y, engarzada a la visión continental de un mundo bipolar de entonces, quienes sostenían que para *desarrollar* el Perú, primero había que *desindigenizar* o aculturar.

Otra personalidad presente fue José Miguel Oviedo (Lima, 1934), Crítico literario peruano, profesor de Literatura Peruana y Literatura Hispano-americana, en diversas universidades Norteamericanas[112]; junto con Salazar Bondy, desde el Primer encuentro de narradores en Arequipa, mostraban ya sus abiertas y profundas discrepancias con el pensamiento de José María Arguedas, respecto a literatura y cultura indígena. En este interrogatorio, no hará sino, abundar en este asunto.

---

111 Léase: JORGE BRAVO BRESANI; *Mito y realidad de la Oligarquía Peruana*. En, LA OLIGARQUÍA EN EL PERÚ: 3 ensayos y una polémica. Francois Bourricaud, Jorge Bravo Bresani, Henri Favre y Jean Piel. PERÚ PROBLEMA 2, Instituto de Estudios Peruanos IEP, Francisco Moncloa Editores, Lima, 1969. pp. 55-89.

112 Tomado de: http://www.biografiasyvidas.com/biografia/o/oviedo_jose.htm

Otro personaje que asistió al evento, algo así como un *gallo de tapada*, fue el Sociólogo y teórico político peruano, Aníbal Quijano Obregón (1928-2018); él, con muchísimas distinciones y obras importantes escritas: Catedrático Principal de la Facultad de Ciencias Sociales de la Universidad Nacional Mayor de San Marcos UNMSM y últimamente, profesor del Department of Sociology, Binghamton University, Binghamton, Nueva York, Estados Unidos[113].

Además estuvo el Etnosociólogo e investigador social francés, Henri Favre, de quien Carmen Salazar-Soler, nos dice esto: "Esta situación hay que relacionarla con la decisión del Ministerio de Relaciones Exteriores de reanimar el IFEA. En esta época dicho Instituto estuvo primero bajo la dirección del historiador francés François Chevalier y luego del geógrafo Olivier Dollfus, durante cuya conducción, la Dirección General de Relaciones Culturales, Científicas y Técnicas atribuyó al Instituto dos puestos de «pensionarios», que consistían en plazas de investigador en los países andinos de una duración de dos años. Entre los primeros pensionarios encontramos a H. Favre, P.

---

113 Tomado de: http:// www.quedelibros.com/autor/7369/Quijano-Anibal.html

Duviols, N. Wachtel, J. Piel entre otros"[114]. De las investigaciones que le cupo realizar Favre en el Perú, la misma autora, dice esto: "En efecto, en los años 1970, H. Favre reunió a sociólogos, antropólogos, arqueólogos y genéticos en un proyecto de investigación cuyo objetivo era estudiar el cambio de altitud del hábitat, la dinámica social y cultural que operaba en las comunidades, y las relaciones entre mestizaje biológico (miscegenación) y mestizaje cultural (aculturación) en los departamentos de Huancavelica, Junín y Lima (Favre, 1980)".[115] Es más, cuando se dan las Mesas Redondas, H. Favre, venía realizando estudios sociales en el departamento de Huancavelica, como más adelante confirmará él.

11.2. ¿Y cómo fue el desarrollo del Auto de fe?

La noche del 23 de junio de 1965, esta Mesa redonda, indica Alberto Escobar[116], continuó con las pautas establecidas en noche anterior. Escobar, empezaría su preámbulo de estilo con una

---

114 CARMEN SALAZAR-SOLER; *La presencia de la antropología francesa en los Andes peruanos*. 2007, p.94. Mascipo (UMR 8168), CNRS - EHESS, 54 Boulevard Raspail, 75006 París - Francia.
115 CARMEN SALAZAR-SOLER; Ob. Citada. p.95.
116 ESCOBAR, ALBERTO; *Mesa Redonda sobre* TODAS LAS SANGRES, *23 de junio de 1965,* IEP (1985) p.3

invocación que expresaba preocupaciones, aclaraciones, recomendaciones técnicas y finalmente, refrendaba su posición solidaria con el pensamiento de José María Arguedas y su novela *Todas las sangres*. Aquí en larga cita, los principales pasajes de su exposición: "Voy a empezar tratando de tender el puente que nos conecte con el resultado de la conversación tenida la noche anterior. Y aun cuando la mesa redonda anterior fue sumamente dispersa y tocamos puntos de muy variada suerte, algo quedó en claro; que pienso que conviene tener como punto de arranque esta noche. Quedó en claro que la obra de arte, la obra literaria, el objeto literario y, en este caso concreto la novela, y más específicamente la novela de Arguedas que va a ser el motivo central de la discusión de esta noche, como toda obra de arte literaria puede ser objeto posible de distintos análisis y que en la relación fundamental que convoca a estudiosos de ciencias sociales y creadores y críticos, de esta relación entre la obra de arte y la realidad podría distinguirse maneras distintas de aproximarse a este objetivo. (...) Diríamos que al estudioso de CC.SS. en su manejo con la obra literaria, le interesaba, suponemos, predominantemente, la relación de ese mundo creado, con ese mundo real ya sea en tanto lo atestigua, en tanto es un microcosmos, que de alguna manera da iluminación sobre el macrocosmos o que lo deforma o lo modifica y que, en este trabajo, genera o puede generar ciertos mitos que a su turno revierten sobre el lector y sobre la realidad, y en esa medida influyen sobre la realidad.(...). Esta noche pues, vamos a continuar desde este punto. Es decir, esta noche vamos a poner en ejercicio estas tres maneras, o estas tres formas de opinar sobre un texto literario   que es *Todas las sangres.* (...) Para avanzar un punto más, me toca a mí decir en algo, lo que yo como lector y como estudioso de la novela, encuentro en la obra de Arguedas. Y partiré por una premisa, por un elemento previo. En la crítica literaria, el sentido del mensaje como un desprendimiento simbólico, como un metalenguaje que emana de la obra literaria, está dado para el crítico no por la suma de los valores semánticos, de los valores de contenido, sino por un proceso de sublimación o de decantación. Ocurre lo mismo que sucede cuando aprendemos una lengua extranjera y escuchamos algo de aquello, como por ejemplo: "estás en la luna de Paita", o "quién te dio vela en este entierro". Y entonces, si sumamos los valores semánticos de cada uno de estos elementos, de "estás", de "luna", de "de", y de "Paita", tenemos un resultado semántico, pero no entendemos el significado que se opera dentro de ese sintagma, y que es propio de ese sintagma y distinto de cada uno de los elementos que hallan en él. Pues bien, *ésa es la premisa de la que parto yo para entender, o para tratar de entender el mensaje que está en la novela de Arguedas como un metalenguaje.* Podría decir entonces que para mí, acabada la lectura, concluida la experiencia que significa revivir muchas experiencias —propias y ajenas— en este libro *Todas las sangres* se me manifiesta como una presentación de una imagen total del Perú.(...) En cierta medida *Todas las sangres* es, pues, una repartición del Perú. *Todas las sangres* es un rostro múltiple del Perú, rostro múltiple y polivalente, y *Todas las sangres* es un rechazo de caminos que pueden descartarse, apelando a una visión integralista en la que el hombre y su cultura se conjuguen y se entreguen en un mosaico armónico, en el que los valores de fraternidad y de solidaridad alcancen un rango predominante.[117]

De esta cita larga, más lo hasta aquí comentado, este autor, sugiere que Alberto Escobar, -de singular punto de vista en este Auto de fe -, conocedor del contexto conceptual de sus colegas del IEP y

---

117 ESCOBAR, ALBERTO; *Mesa Redonda sobre* TODAS LAS SANGRES, *23 de junio de 1965,* IEP (1985) pp. 15-17.

expertos allí presentes, intuía el curso hacia donde se dirigiría ese criterio unitario y la inexorable actitud que tomarían los *inquisidores* frente a la novela *Todas las sangres* y de su autor. De ahí que, sopesando el peso de la trascendencia de José María Arguedas y la calidad literaria de sus obras; previendo que este *sui géneris* tribunal, concluiría en uno de los mayores crímenes culturales, no le quedó otro camino, que alertar e invocar en este su preámbulo, prudencia y entendimiento a sus colegas. Con esa presunción de Escobar, aquel interrogatorio empezó. El primer crítico a quien le cupo examinar la novela *Todas las sangres*, fue José Miguel Oviedo y empezó afirmando: "Ahora me toca a mí expresar algunas observaciones desordenadas que, como lector me sugiere la novela. Pienso que dentro de la obra novelística de Arguedas, ésta es la primera novela que puede llevar el incómodo, pero inevitable rótulo de novela social, de novela francamente social. (...) Yo veo la novela como un retrato muy cabal, muy complejo, por momentos inasible y por momentos misterioso, no totalmente claro, pero un retrato suficiente de uno de los aspectos fundamentales de la configuración sociológica peruana. Veo en la novela de Arguedas, un retrato del Perú feudal, y veo a este mundo feudal en un momento crítico, en un momento especial, en un momento en el cual la configuración feudal del mundo andino se articula dramáticamente, muy particularmente busca articularse con un contexto capitalista burgués".[118] Oviedo, en su crítica opta una convicción de científico social y reconoce que *Todas las sangres* lleva el incómodo rotulo de novela social, con tal parámetro, realiza una simulación sociológica de actores y espacios, para extraer conclusiones que según él, son: "por momentos inasible", "por momentos misterioso", "no totalmente claro". En fin, la novela como un ensayo sociológico, más no como una creación literaria. Por supuesto, la forma como lo hizo Oviedo, estaba a voluntad suya como crítico; pero actuó, al margen de los acuerdos previos, recalcado por Escobar en su preámbulo, cada cual, de acuerdo a su competencia y él, no procedió así. Aun así, demos fe a lo expresado por Oviedo, quien reconoce el gran mérito de José María Arguedas al haber retratado por vivencia propia en forma literaria la realidad del Perú en *Todas las sangres.*

La segunda intervención, correspondió a Sebastián Salazar Bondy, quien sin más protocolo que su grandilocuencia criolla, disparó furibundos proyectiles de crítica, destinados a zaherir al

---

118 ESCOBAR, ALBERTO; *Mesa Redonda sobre* TODAS LAS SANGRES, *23 de junio de 1965,* IEP (1985) p.20

solitario autor de *Todas las sangres,* así: "Yo me pregunto si, recientemente, Arguedas postula en su novela, algo concreto sobre la realidad peruana, si hay previa a su creación literaria una visión del Perú, una concepción, una ideología del Perú, una doctrina del Perú, o un conjunto de ideas, de principios ideológicos, que la novela ilustre a través de lo que es, a través de una narración. Encuentro que tal ilustración no existe, que Arguedas al narrar refiriendo a los valores puramente literarios y estéticos y de lenguaje de la novela, encuentro que José María Arguedas tiene una doble visión con respecto al Perú, exhibe una doble doctrina, manifiesta una doble concepción del Perú, que resulta en cierto modo contradictoria, aunque él conscientemente no lo crea así. Esa doble visión es la siguiente: por una parte, la novela presenta una concepción mágica de la naturaleza, una concepción indígena, relativa a la concepción indígena prestada, ayudada, tomada de la concepción indígena del mundo, un cierto panteísmo, donde las flores se animan como seres humanos, donde los pájaros tienen una condición de símbolos, donde la vida animada e inanimada del mundo manifiesta mediante alegorías, cierta presencia superior, cierta presencia, yo diría, cristalina. Esto, por un lado, le viene a Arguedas creo yo, de su formación quechua, de su infancia al lado de los concertados a quienes, según su propia confesión, él bebe tanto de sus amores y sus odios. Pero por otro lado, Arguedas tiene una formación universitaria, occidental, una formación científica de la cual no puede prescindir, y entonces, al mismo tiempo se plantea esa visión mágica del mundo en la que está incluida también la sociedad porque la visión de don Bruno, el feudal, es una concepción mágica, al mismo tiempo que una concepción mágica del mundo, que debe al indígena, está su concepción racional, científica de la sociedad, y entonces se plantea la dicotomía de la lucha entre la burguesía nacional y el imperialismo. [...]. Entonces yo creo, que por eso, quien mira la novela desde un punto de vista sociológico se encuentra con enormes contradicciones. La novela, por ejemplo, parece —y esa es mi impresión de lector— parece que Arguedas toma partido por el feudalismo. [...]. Entonces, encuentro una contradicción, porque encuentro dos concepciones del mundo, y veo que sociológicamente la novela no sirve como documento, salvo que se establezca muy minuciosamente, muy prolijamente, la línea de separación de estos dos mundos, cosa que creo es una tarea imposible de realizar".[119]

---

119 ESCOBAR, ALBERTO; *Mesa Redonda sobre* TODAS LAS SANGRES, *23 de junio de 1965,* IEP (1985) p.22-24.

El contenido y sentido de esta larga cita, sin lugar a dudas, retrata el mapa conceptual de neocolonialidad absoluta y desconocimiento de la realidad del Perú indígena por parte de Salazar Bondy. En otras palabras, una visión limeña y criolla del Perú, con cuyo bagaje, la intención aparente de Salazar, sobre el pensamiento de José María Arguedas y su novela *Todas las sangres*, fue más que análisis y crítica literaria-sociológica consecuente, una reacción emotiva y porque no, mezquina de hacer escarnio de la obra de Arguedas. Salazar Bondy, se circunscribió a desmenuzar la novela *Todas las sangres*, en defensa de las estructuras imperantes en un país exclusivamente criollo; es decir, percibía que esta novela, cambiaría al Estado criollo en el corto plazo a la que debía combatirse desde sus momentos aurorales y a cualquier costo. Escarnecer a *Todas las sangres*, cual si fuera un proyecto político, nocivo para la nación. Según Salazar, Arguedas pecaba al no percibir la realidad peruana en forma criolla y sugería que Arguedas, debiera incorporarse plenamente al mundo criollo. Salazar Bondy, esperaba ver en *Todas las sangres,* una República aristocrática sin indios en una versión criolla; como no fue así, la desilusión se hizo evidente.

La intensión de denigrar e invalidar la dimensión histórica del pensamiento de Arguedas en la novela *Todas las sangres,* no sólo fue propósito solitario del crítico Salazar Bondy, que si fuera así, no habría derecho a observaciones; pero, el propósito de esta *Mesa redonda,* era someter la novela en cuestión, a parámetros conceptuales sociológicos y desacreditar la obra y a su autor.

Seguidamente le cupo participar a Jorge Bravo Bresani, quien intervino indicando: "Antes de que conteste el autor [Se refiere a la respuesta de Arguedas a sus interrogadores], yo quisiera hacer una breve intervención por dos razones, hasta por tres. La primera es porque, en realidad, mi intervención es complementaria a la del señor Favre; en segundo lugar porque está aquí presente el señor Quijano, ilustre sociólogo peruano que es miembro de este Instituto además, y que sería conveniente se acercara para participar en el debate y, porque sería sumamente importante escuchar su opinión por varias razones, además de su calidad sociológica el hecho de que él sostiene una tesis un tanto discrepante de la tesis del autor, y en   tercer lugar, porque yo soy en cierta forma el inventor de esta mesa, el culpable y además no tengo categoría de sociólogo y mi opinión, aunque se da dentro del campo de las ciencias sociales, se da en la frecuentación de los libros."[120]

Luego José María Arguedas, proseguiría con sus respuestas a la lluvia de preguntas, réplicas y dúplicas, en las que los comentaristas o críticos literarios, al unísono, dejaron atrás su especialidad, tal que *Todas las sangres,* ya no era objeto de crítica literaria, sino, preámbulo para una disección sociológica. Aun así el autor, vino respondiendo una tras otra a las interrogantes de sus inquisidores; respuestas que desde luego, marcaban diferencia substancial con la convicción de sus inquisidores, quienes conocían el Perú desde Lima, influenciados por corrientes sociológicas y antropológicas extranjeras; que dicho sea de paso, entre los allí presentes, se encontraban las dos corrientes.

En suma, este era el escenario concreto, por un lado, inquisidores que conocían al único Perú criollo, continuación de la República aristocrática sin indios y por el otro, un pensador, científico social y literato indígena, al centro del fuego cruzado, tratando demostrar una realidad social omitida por el sistema imperante durante siglos.

---

120 ESCOBAR, ALBERTO; Mesa Redonda sobre TODAS LAS SANGRES, 23 de junio de 1965, IEP (1985) pp. 39-40.

Finalmente entrarán en acción, los invitados de fondo, *los gallos de tapada*, especialistas en sociología. El francés Henri Favre y el peruano Aníbal Quijano. Henri Favre, inició su comentario, auto-interrogándose sobre el contenido de *Todas las sangres,* en estos términos: "La primera es de preguntarse ¿en qué medida esta novela social *Todas las sangres* refleja la sociedad?; la segunda pregunta del sociólogo es la siguiente: en la medida que la novela social, por definición aspira a tener una acción sobre la sociedad, ¿cómo y cuál es la praxis de *Todas las sangres*? A la primera pregunta, algo contestaré por una otra pregunta. Algo me extraña en esta obra, particularmente el marco general dentro del cual se inscriben los personajes; quiero decir la estructura de castas. Esta novela describe una estructura de castas: de un lado el indio, de otro lado mestizos con blancos, la casta dominante; que a mi parecer, ha desaparecido y ha desaparecido desde hace años en el conjunto de la sierra peruana. [...]. La segunda cuestión, es decir, la praxis de la novela, la influencia del impacto que puede tener la novela sobre la sociedad. Contestaré de dos maneras: primero, el autor sostiene una posición absolutamente indigenista, por mi parte, por ejemplo, el caso típico es que los indios son buenos, los mestizos o blancos pueden ser buenos o malos, pero por lo general son malos. Rendón Willka por ejemplo, que es un indio al principio de la novela en un proceso de cholificación, encuentra al final la salvación y la pureza, conserva su pureza volviéndose indio. Yo no sé si una actitud así, puede ser políticamente sostenible y científicamente válida en 1965 en el Perú. Yo he vivido 2 años, 18 meses en Huancavelica en una región del área del doctor Arguedas y no encontré indios, sino campesinos explotados. [...]. Y en lo que a esta pregunta, tengo una pregunta sobre la praxis de la novela. Tengo muchas dudas o por lo menos, hoy tengo dudas sobre la acción positiva que pueda tener la novela, el impacto positivo de la novela. A mi parecer tendría, mejor decir que tendría un impacto más bien negativo. Es lo que tenía que decir."[121]

Al respecto, José María Arguedas, asociando su arte literario y la de científico social, responderá con precisión las inquisiciones de su interlocutor. Henri Favre, en sus réplicas y dúplicas, dio rienda suelta a su interrogatorio, tratando encasillar al autor de *Todas las sangres* y a la realidad peruana a los paradigmas epistemológicos occidentales, como única vía conceptual de interpretar el curso de la

---

121 ESCOBAR, ALBERTO; Mesa Redonda sobre TODAS LAS SANGRES, 23 de junio de 1965, IEP (1985) pp. 38-39.

historia de las sociedades -modo de pensar que en la dicha *Mesa redonda*, era consenso-. A la luz de este interrogatorio se concluye que el conocimiento de Favre sobre la realidad peruana de aquel entonces, era epidérmica y parcelaria. Apenas tenía *2 años y 18 meses* de permanencia en el Perú realizando investigaciones en el departamento de Huancavelica, donde según él, no encontró indios sino campesinos explotados y acuñaba para el Perú, una percepción occidental, dando entender que todo aquel que vive en el campo, era campesino; pero Favre, en un estudio suyo aparecido después, cuando trata de caracterizar a la oligarquía terrateniente del Perú, amo y señor de la población indígena de aquel entonces, soslaya la relación entre el oligarca y el indígena[122]. De modo que cuando Favre dice: *"no encontré indios sino campesinos explotados"*, resumía la decisión de campesinizar a los indígenas de latinoamérica en el marco de la guerra fría, especialmente en la franja andina de Sudamérica, donde la presión social en aras de la liberación nacional eran evidentes. En tal contexto

---

122 HENRI FAVRE; *El desarrollo y las formas del poder oligarquico en el Peru*. En, LA OLIGARQUÍA EN EL PERÚ: 3 ensayos y una polémica. Francois Bourricaud, Jorge Bravo Bresani, Henri Favre y Jean Piel. PERÚ PROBLEMA 2, Instituto de Estudios Peruanos IEP, Francisco Moncloa Editores, Lima, 1969. pp.90-147.

actuaban, Henri Favre y los que como él, realizaban investigaciones sociales en poblaciones indígenas.

Ahora centrémonos en la intervención del sociólogo peruano Aníbal Quijano, quien dará el asidero para entender la unicidad conceptual de los inquisidores de esta *segunda Mesa redonda*. Quijano, abre su participación indicando: "A mí me parece que, hay toda una concepción del mundo por un lado, y en segundo lugar, una teoría del cambio; y en tercer lugar, una posición política implicadas, al mismo tiempo, a lo largo de la novela. Yo convengo con el profesor Favre que esta percepción de la realidad social del Perú que se trata de esbozar en la novela, con la ambición de crear un gran fresco de la sociedad peruana actual, sus factores dependientes, no es muy clara, sobre todo por una razón, porque no existe un coherente manejo de los diferentes tiempos históricos dentro de los cuales se desarrolla la novela. Yo creo en verdad, como el señor Favre, que una buena parte de la situación social que aquí se intenta describir ya no es históricamente válida."[123]

Quijano a diferencia de los inquisidores que le antecedieron, reconoce que la novela *Todas las*

---

123 ESCOBAR, ALBERTO; Mesa Redonda sobre TODAS LAS SANGRES, 23 de junio de 1965, IEP (1985) p. 58.

sangres, además del mensaje literario, contenía una posición política. Sin embargo, dado que el objetivo de los allí presentes, era denigrar la propuesta política de la obra; Quijano, contrasta el contenido temático de la novela al esquema de una investigación sociológica, más o menos como un tutor de tesis que orienta a su patrocinado el curso de la investigación, como el contenido de *Todas las sangres* no se ciñe a tal plantilla, reafirma la conclusión de Favre. Es más, cuando Quijano dice: *no existe un coherente manejo de los diferentes tiempos históricos dentro de los cuales se desarrolla la novela,* el Sociólogo, pareciera no haber entendido las aclaraciones que Arguedas señaló a lo largo de su exposición, indicando que la novela reflejaba vivencias del mundo indígena vigentes en la década de los 60 y no de siglos pasados y lo más grave, creer que la realidad social y cultural del Perú era homogénea.

Ahora bien, la interrogante de rigor que el lector percibe a la vista, es ¿porqué, Quijano y la mayoría de los presentes en la *Mesa,* tenían el interés de enervar el impacto social de la novela *Todas las sangres*? La tesis que este autor viene sosteniendo al respecto, es que según los inquisidores allí presente, la novela en cuestión, promovía y conducía a la construcción de un Estado indígena;

ciertamente, objetivo político indígena pendiente desde la rebelión de Thupaq Amaru II. El mismo que quedaría impregnada en el subconsciente de la clase criolla, como el Gran Temor; temor secular de un Estado criollo, en un país mayoritariamente indígena, mestiza y criolla pobre. Desactivar tal temor, era el propósito de la campesinización del indígena. Aníbal Quijano, sostenía así: "Lo indio no puede ser más tomado en este momento ni desde el punto de vista racial ni desde el punto de vista estrictamente de castas. Tomando desde un punto de vista estrictamente cultural, lo indio ya no es de ninguna manera la cultura prehispánica, eso creo que es obvio para todos nosotros. Pero, ¿qué es lo indio?- Se preguntaba y continuó respondiendose- Lo indio de alguna manera es algo que puede contener a *grosso modo* variados elementos, elementos que provienen de la cultura prehispánica, pero totalmente modificados por la influencia de la cultura hispánica posterior, colonial, postcolonial y los elementos republicanos actuales; que han incorporado al mismo tiempo elementos de la cultura hispánica, también reinterpretados y modificados, que ha incorporado elementos de la cultura occidental posterior, igualmente reinterpretados y modificados, pero que todavía es legítimo hablar, para un sector de la población campesina del país, dentro de la cultura india, una medida en que todos estos elementos configuran una estructura, relativamente, aunque no totalmente, diferente de lo que podemos llamar también en términos menos vagos cultura occidental, o la versión criolla de la cultura occidental en el Perú"[124]. Esta definición en aquel momento contundente; Quijano, muchos años después, dejará rectificado, como más adelante demostraremos.

Continuemos con Aníbal Quijano y sean sus palabras las que ilustren su intención: "Yo no creo francamente que José María Arguedas postule claramente una solución indígena del problema campesino, que en este momento a todas luces no aparecería viable. Yo estoy trabajando en este momento sobre el liderazgo del movimiento campesino y he recorrido durante el año pasado algunas de las zonas más afectadas por el movimiento campesino. Yo no he encontrado sino un líder indio dentro de todos los sindicatos campesinos que yo he conocido. [...] Aparece sólo por excepción y sólo de manera totalmente aislada y el líder indio está ya, él mismo en proceso de cholificación. No creo por eso que sea viable una

---

124 ESCOBAR, ALBERTO; Mesa Redonda sobre TODAS LAS SANGRES, 23 de junio de 1965, IEP (1985) p. 59.

solución indígena al problema campesino en este momento. [...] Por eso, a mí me parece que el autor no logró una solución coherente del problema campesino. Yo diría más bien que del texto se desprende, más que otra cosa, una solución indigenizante del problema"[125]

Finalmente con la censura de Aníbal Quijano, concluyó la *Segunda Mesa Redonda* sobre *Todas las sangres*; evento al que con razones fundadas, vengo en sostener como que fue, un moderno *Tribunal del Santo Oficio*. Me explico, la persecución de José María Arguedas, es verdad que no fue un seguimiento religioso del medioevo; fue más que eso, un acoso político-ideológico en pleno siglo XX. Sus pensamientos colisionaban con la ideología criolla y con el poder político continental; como tal, los encargados de extirpar el pensamiento de Arguedas en las mentes de las poblaciones originarias, ya no eran clérigos-verdugos, sino, connotados intelectuales al servicio del poder político. Este acto de persecución cultural, lo menos que debe causar en estas nuevas generaciones, es estupor e indignación. Esta impresión, corroboramos con el testimonio de Alberto Escobar, quien acudiendo como mal menor a la diplomacia,

---

125 ESCOBAR, ALBERTO; Mesa Redonda sobre TODAS LAS SANGRES, 23 de junio de 1965, IEP (1985) pp. 60-61.

dejó sentada su protesta así: "La dificultad para practicar el análisis ideológico, común a los colegas de letras o de ciencias sociales, impidió la serenidad a fin de distinguir y matizar el tono de censura que Arguedas percibió como dirigido a la factura de su novela y toda su obra como escritor, como estudioso y como ciudadano"[126].

11.3. Tras el Auto de fe, fisura entre literatos y sociólogos

Cuatro días después del Auto de fe, tras haberse conocido públicamente el agravio al que fuera sometido José María Arguedas, la férrea unidad conceptual que reinó entre literatos y sociólogos, mostró signos evidentes de ruptura; ambas posiciones, optaron por escribir y publicar sendos artículos periodísticos al respecto.

Representando a los primeros, el literato José Miguel Oviedo, el 28 de junio de 1965, en el principal diario de Lima El Comercio Gráfico, publicó un artículo con el título de *Las peras del Olmo,* cuyo tenor central fue este: "La semana pasada, el Instituto de Estudios Peruanos realizó otra Mesa Redonda sobre literatura, esta vez para discutir la novela Todas las sangres de José María

---

126 ESCOBAR, ALBERTO; Mesa Redonda sobre TODAS LAS SANGRES, 23 de junio de 1965, IEP (1985) p. 12.

Arguedas. Las primeras intervenciones de los invitados a la mesa (críticos, sociólogos y el propio autor) fueron oportunas, porque sin dejar de apreciar el nutrido material sociológico que la novela acarrea, la juzgaron sobre todo como una creación, como una obra de imaginación. Pero, luego, inesperadamente, los sociólogos capturaron la mesa e hicieron un carga montón contra Arguedas, echándole en cara su falta de información, sus dudas ideológicas, su ausencia de soluciones; es decir, tomaron su novela como si fuese un tratado de sociología que es pecado tan grande como el inverso. El buen José María trató de defenderse, manoteó y contra objetó las afirmaciones que se le disparaban desde todos lados, especialmente del lado de Aníbal Quijano, que demolió paciente y largamente su obra. La mesa terminó sorpresivamente cuando Luis E. Valcárcel, que la presidía guardando el más absoluto silencio ante la creciente confusión, juzgó que ya era suficiente y dijo a media voz Hemos terminado. Las consecuencias de este debate —que ilustra sobre los peligros que corre la literatura en manos de los sociólogos— han sido muy comentadas en la semana y se rumorea, medio en broma medio en serio, que a modo de venganza, un grupo de críticos y lingüistas van a convocar una mesa redonda para debatir el estilo y el uso de la imaginación en los trabajos de nuestros sociólogos. Prometemos ir, ver y contar." [127]

En el tenor de esta cita, salta a la vista, la actitud complaciente de José Miguel Oviedo con las posturas de los sociólogos a lo largo del interrogatorio. Aun así en este artículo, expresa el resultado de un proceso reflexivo profundo y oportuno, para dejar constancia la mutilación del pensamiento de Arguedas. Es más, Oviedo, expresa aquello que por razones obvias, calló durante la inquisición. Estas aclaraciones y observaciones del literato, a los pocos días, exactamente el 30 de junio de 1965, fueron respondidas por el sociólogo en una extensa carta titulada DE ANIBAL QUIJANO A JOSÉ M. OVIEDO: En torno a un Diálogo. En esta misiva, además de reiterar su crítica a la novela *Todas las sangres* del que ya no abundaré, le recuerda a Oviedo: "Estimado Sr. Oviedo: He leído con sorpresa la irónica "pera" que dedica Ud., en la edición de El Comercio Gráfico correspondiente al 28 de este mes, a la mesa redonda que se realizó en el Instituto de Estudios Peruanos sobre Todas las sangres de José María Arguedas, dentro de la serie

---

127 JOSE MIGUEL OVIEDO Las Peras del Olmo, En: ESCOBAR, ALBERTO; Mesa Redonda sobre TODAS LAS SANGRES, 23 de junio de 1965, IEP (1985) p.69.

de reuniones que el Instituto organiza bajo el nombre De Sociología y Literatura...[...]. Pero Ud. señala que la reunión era sobre literatura y que los sociólogos capturaron la mesa inesperadamente. Acusa a los sociólogos de intentar hacer una sociología de la literatura, pero calla que fueron Ud. y Sebastián Salazar, críticos profesionales, quienes subrayaron que sociológicamente la novela no era un testimonio válido de la realidad peruana, mucho antes que los sociólogos intervinieran en el debate"[128]. Con los antecedentes conocidos hasta aquí, lo expresado por Quijano en esta su misiva se ciñe a la verdad y la verdad es que los literatos actuaron como cómplices del Auto de fe.

En adelante, veamos cómo reaccionó el sociólogo francés Henri Favre y esto ocurre, aproximadamente 4 años después del evento, en un artículo suyo «José María Arguedas y yo: ¿un breve encuentro o una cita frustrada?» publicado en una revista de México, Cuadernos Americanos. Nueva Época, año x, vol. 2, N° 56, 1969. Favre expresa lo siguiente: "Al salir del Instituto de Estudios Peruanos esa noche, no experimenté, por cierto, la sensación de haber tomado parte en un

---

128 DE ANIBAL QUIJANO A JOSE M. OVIEDO En torno a un Diálogo, Lima, 30 de junio de 1965. En: ESCOBAR, ALBERTO; Mesa Redonda sobre TODAS LAS SANGRES, 23 de junio de 1965, IEP (1985) pp. 77.

acontecimiento que pudiese figurar en las crónicas literarias o que mereciese una mención en los anales políticos. [...] nos habíamos reunido en torno a José María Arguedas para discutir sobre Todas las sangres, novela que el hombre de letras había publicado apenas unos meses antes en Buenos Aires. En razón de la vigorosa intención social que la obra manifestaba, parecía proporcionar una materia ideal para una de esas mesas redondas durante las cuales el Perú se rehacía con un gran espíritu de sistema. No obstante, la discusión había sido un tanto aburrida. Ninguna de las intervenciones había superado el nivel de la exposición académica en lo que esta puede tener a la vez de chato, pesado y conformista. Creo que al finalizar la reunión, todos éramos conscientes de que la obra no nos había inspirado sino comentarios insípidos. Uno de nosotros intentó salir con elegancia del apuro al escribir, a la semana siguiente, en un periódico en el que tenía una columna, que la mesa redonda había sido capturada por los científicos sociales. En realidad, la mesa se había hundido en la mediocridad general, y las trivialidades hilvanadas por ese distinguido crítico habían contribuido en justa medida al naufragio.[129]

---

129 FAVRE, HENRI. «José María Arguedas y yo: ¿un breve encuentro o una cita frustrada?». Cuadernos Americanos. Nueva Época, año x, vol. 2, N° 56, México, marzo-abril, 1996, p. 23.

La cita esta, además de reforzar los puntos de vista de Aníbal Quijano, es un trato displicente a los literatos allí presentes.

12. Arguedas y la consumación de una persecución

No bien concluyó aquella fatídica Mesa Redonda sobre *Todas las sangres* o Auto de fe, el *reo* José María Arguedas, dejó aquel *olimpo criollo*, más con repugnancia que decepción; convencido que sus colegas allí presentes, no compartían en la valoración que merecían las poblaciones indígenas, por quienes él daba su vida, menos apreciaban el conocimiento vivencial que él poseía respecto a la realidad social andina[130] y convicto también, que sus inquisidores para perennizar este concierto vejatorio, escribirían sus partes testimoniales a su modo. No bien llegó a su domicilio, escribió su propio testimonio y dejó la siguiente carta: "*(Copia del manuscrito que escribí anoche, 23 de junio) Creo que hoy mi vida ha dejado por entero de tener razón de ser. Destrozado mi hogar por la influencia lenta y progresiva de incompatibilidades entre mi esposa y yo; convencido hoy mismo de la inutilidad o impracticabilidad de formar otro hogar con una joven a quien pido perdón; casi demostrado por*

---

130 Ver pormenores de este evento en PINILLA, Carmen María, *Arguedas: conocimiento y vida,* Lima: PUCP, 1993.

dos Sabios sociólogos y un economista, también hoy, de que mi libro "Todas las sangres" es negativo para el país, no tengo nada que hacer ya en este mundo. Mis fuerzas han declinado creo que irremediablemente. Pido perdón a los que me estimaron por cuanto de incorrecto haya podido hacer contra cualquiera, aunque no recuerdo nada de esto. He tratado de vivir para servir a los demás. Me voy o me iré a la tierra en que nací y procuraré morir allí de inmediato. Que me canten en quechua cada cierto tiempo donde quiera se me haya enterrado en Andahuaylas, y aunque los sociólogos tomen a broma este ruego —y con razón— creo que el canto me llegará no sé dónde ni cómo. Siento algún terror al mismo tiempo que una gran esperanza. Los poderes que dirigen a los países monstruos, especialmente a los Estados Unidos, que, a su vez, disponen del destino de los países pequeños y de toda la gente, serán transformados. Y quizá haya para el hombre en algún tiempo la felicidad. El dolor existirá para hacer posible que la felicidad sea reconocida, vivida y convertida en fuente de infinito y triunfal aliento. Perdón y adiós. Que Celia y Sybila me perdonen.

José María

(El quechua será inmortal, amigos de esta noche. Y eso no se mastica, sólo se habla y se oye).

Después de este aciago Auto de fe, el tiempo continuó; en abril de 1966, publica el primer capítulo de su novela *Harina mundo,* que más tarde será *El zorro de arriba y el zorro de abajo;* publica también *Dioses y hombres de Huarochirí* y el poema *"Katatay";* escribe su poesía en quechua "Llamado a algunos ´doctores´" dirigido a los pseudo "doctores", en alusión a sus inquisidores y a algunos intelectuales criollos que solo utilizan al indio como objeto de conmiseración para encubrir el desprecio racista, la explotación y marginación; también publica *El sueño del pongo,* y "Oda al Jet".

En 1967, asiste al II Congreso Latinoamericano de Escritores de Guadalajara, al de Escritores en Chile, al Congreso de Antropólogos en Viena; aquel año también se casa con Sybila Arredondo y publica *Amor mundo y otros relatos.* En síntesis, sus actividades literarias, culturales, académicas, continúan con normalidad; en 1968, publica su tesis *Las comunidades de España y del Perú;* asiste como Jurado en los premios de la "Casa de las Américas" de Cuba, obtiene el Premio Garcilaso de la Vega, muere su ex cuñada Alicia Bustamante y concluye *El zorro de arriba y el zorro de abajo.* Finalmente, el 2 de diciembre de 1969, falleció. En

1971, la Editorial Losada, póstumamente publica *El zorro de arriba y el zorro de abajo.*

13. Sociólogos y la campesinización del indígena en el Auto de fe

Favre como Quijano, respecto a la realidad social del Perú de aquel entonces, tenían una percepción eurocéntrica y sesgada, con cuyos parámetros el indígena peruano, fue mutado a campesino, como un trasunto de Europa. Y esto se explica así, en los años 60 del siglo XX, cuando las tensiones sociales acumuladas en el Perú indígena se encontraban en su furor, esta elaboración eurocéntrica; desindigenización, asociada a la rancia concepción criolla subyacente en el Perú, entró a la dinámica política. El año 1968, advino el Golpe de Estado, liderado por el General Juan Velazco Alvarado; éste, para paliar los movimientos sociales indígenas en ciernes, tenía entre manos, los estudios sobre campesinización o desindigenización del Perú, desarrollados por la corriente francesa de antropólogos y sociólogos, entre ellos Favre, tal que el gobierno militar, instituyó como política de Estado (Ley General de Reforma Agraria). Desde entonces la campesinización, fue el eje central la "revolución peruana" y algunos de sus mentores, presentes en la *Segunda Mesa Redonda,* se identificaron como sus "ideólogos". En la segunda fase del Gobierno Militar, Francisco Morales Bermúdez, restaura la democracia criolla y devuelve el poder a los partidos tradicionales y en 1979 se aprueba la Constitución Política del Perú, en ella el indígena, es nacionalizado o campesinizado y deja de ser sujeto con aspiración política propia.

Tras la mutación legal de indio a campesino, se creyó que el Perú había sido desindigenizado. Digo, había, en pasado imperfecto, ya que el Estado peruano, desde la denominada República aristocrática, pasando por la oligárquica, la "revolucionaria" y hasta ésta "democrática-neoliberal", vino forzando maniobras constitucionales y legales para desaparecer al indígena del escenario social, como sujeto político soberano; pero, en el curso de la historia, conforme previera José María Arguedas en *Todas las sangres,* pese a la exclusión deliberada, continuó en ascenso como alternativa de cambio hasta estos días. Consecuentemente, frente al paso inexorable de la historia, las *profecías de los sociólogos* dejaron tener vigencia.

14. Aníbal Quijano, rectifica sus conceptos de indígena y desindigenización

Como corolario de cuanto hasta aquí tengo demostrado, después de 50 años, Aníbal Quijano en un extenso artículo con el título: *El "movimiento indígena" y las cuestiones pendientes en América Latina"* publicado por CLACSO (2014), replantea sus percepciones conceptuales esgrimidas en el *Auto de fe* en dos aspectos fundamentales. Primero, implícitamente reconoce que su teoría de la *"cholificación"*, donde sostenía que en el Perú, la movilidad social desaparecería al indígena es históricamente no correcta. Reconoce también que la campesinización del indígena en el Perú, del que fue su propulsor, en la práctica, resultó un proceso deliberado de desindigenización. Con esta rectificación, dio razón al pensamiento de José María Arguedas. Ahora, veamos de cómo Quijano deja aclarado este tema: "El "problema indígena"-dice Quijano- se convirtió, pues, en un auténtico incordio político y teórico en América Latina. Para ser resuelto requería, que se plantease simultáneamente, ya que por su naturaleza el cambio en una de las dimensiones implicaba el de cada una de las otras: 1) la descolonización de las relaciones políticas dentro del Estado; 2) la subversión radical de las condiciones de explotación y el término de la servidumbre; 3) y como condición y punto de partida, la descolonización de las relaciones de dominación social, la expurgación de "raza" como la forma universal y básica de clasificación social. [...]. El asimilacionismo cultural es la política que se ha procurado sostener desde el Estado, a través del sistema institucionalizado de educación pública. La estrategia, por lo tanto, ha consistido y consiste en una "asimilación" de los "indios" a la cultura de los dominadores, que suele ser también mentada como la "cultura nacional", a través de la educación escolar formal, sobre todo, pero también por el trabajo de instituciones religiosas y militares"[131].

15. Arguedas, inquisidores y el Auto de Fe en la lupa del mundo intelectual

La Segunda Mesa Redonda sobre *Todas las sangres* del 23 de junio de 1965, es explicada por la escritora Melissa More en estos términos: "La publicación de la penúltima novela de Arguedas, *Todas las sangres*, en noviembre de 1964, coincidió con un momento importante en la historia de las ciencias sociales en el Perú. A inicios de ese año, José Matos

---

131 QUIJANO, ANÍBAL; El "movimiento indígena" y las cuestiones pendientes en América Latina. En Cuestiones y horizontes : de la dependencia histórico-estructural a la colonialidad/Descolonialidad del poder, Buenos Aires, CLACSO, 2014 pp 643-.647.

Mar y Alberto Escobar, entre otros, habían fundado el Instituto de Estudios Peruanos (IEP) e invitaron a Arguedas a participar en sus actividades. Estos hombres pusieron sus herramientas de análisis al servicio de la sociedad con el objeto de estudiar aspectos fundamentales de la realidad peruana. Sus objetivos fueron plasmados por Bravo Bresani en *Desarrollo y subdesarrollo, de una economía del hambre a una economía del hombre,* que se publicó en 1965. En el capítulo titulado "Literatura y sociedad", que fuera publicado de manera separada en 1966, Bravo Bresani plantea la contribución especifica que puede hacer la literatura para el estudio de la realidad nacional. Y propone un enfoque interdisciplinario que integre tanto a las ciencias sociales como a las humanidades"[132]. La cita que precede, sustentada con abundante material bibliográfico, confirma las motivaciones interesadas que sus organizadores se propusieron y sustentaron para justificar la realización de las *Mesas redondas.* En otras palabras, la connotación sociológica y política de la novela *Todas las sangres* como trasfondo de la obra y su autor, en un contexto tenso para el Perú.

---

132 MELISA MOORE. *Identidades en transformación y paradigmas emergentes del mestizaje en la obra Antropológica y literaria de José María Arguedas.* ANTHROPOLOGICA / 20: 58)

El más connotado crítico literario del Perú, don Antonio Cornejo Polar, a modo de desagravio dejó dicho esto: "en vastos sectores de la sociedad peruana la figura de Arguedas ha adquirido un rango casi legendario, en el que lo literario tal vez sea un dato más bien marginal; rango que insistentemente se asocia a la condición de héroe cultural"[133]

Del mismo modo, el historiador Alberto Flores Galindo, dejó constancia de su admiración en estos términos: "[...] Arguedas es uno de esos personajes excepcionales que en su derrotero lingüístico y en su tarea como escritor condensó las tensiones y las preocupaciones de una sociedad"[134]

Igualmente Martin Lienhard, con la autoridad literaria que le premune, otorga al autor de *Todas las sangres* la función simbólica de portavoz de la colectividad andina; sostiene que Arguedas, siendo un autor con representatividad colectiva, obra "en nombre de toda una compleja colectividad"[135] ; es

---

133 Antonio Cornejo Polar, "Arguedas: una espléndida historia", en Colloque International sur José María Arguedas (Grenoble: CERPA, 1989), 19.

134 Alberto Flores Galindo, "Arguedas y la utopía andina", en Dos ensayos, p 10.

135 Martín Lienhard, Cultura popular andina y forma novelesca. Zorros y danzantes en la última novela de Arguedas (Lima: Tarea/Latinoamericana Editores, 1981), 169.

decir, José María Arguedas, representa a la inmensa población indígena excluida por el Estado peruano.

Así mismo Martín Otaya, asociando la posición de los sociólogos en el *Auto de fe*, concluye así: "Medio siglo después, el sentido común que imbuye nuestro tiempo, así como nuestra familiaridad con las demandas políticas de la cultura, nos ponen muy cerca de Arguedas. Nos inducen a leer su obra, no como una trasnochada fantasía sociológica, sino como un espejo certero de la realidad". Más adelante, reitera: "[...] Arguedas ha quedado de algún modo identificado con el cuerpo de la nación peruana. Una identidad como ésta, perpetuada por la confluencia azarosa de vicisitudes históricas, trances personales y coyunturas textuales, ha llevado a que generaciones de lectores se vuelquen a su obra para exhumar las claves del porvenir de la nación y a que la vean, en consecuencia, como algo más que una ficción. Siendo así, la memoria de Arguedas ha quedado investida de una autoridad moral y política tal que su obra ha ganado peso testimonial, pero al costo de perder autonomía ficcional"[136].

---

136 MARTÍN OYATA, A Contra corriente, Una revista de historia social y literatura de América Latina, Vol. 9, No. 2, Winter 2012, 53-54- 58

Igualmente Iván Andrés Espinosa Orozco, nos dice sobre Arguedas y su novela: "En *Todas las sangres* la voz narrativa plantea la integración ideológica del imaginario comunero en el   contexto de la modernización industrial del Perú, como forma de reestructurar el paradigma de la peruanidad a partir de un viraje hacia el imaginario serrano como base de la epistemología nacional".[137]

La estudiosa Klára Schirová de la Universidad Carolina de Praga, analizando la obra de Arguedas concluye: "Desde el principio la novela actúa como un reflejo leal de la realidad peruana e insinúa la lectura crítica real. *Todas las sangres* aparenta un mural social; captura a todos los habitantes del país andino y retrata todo tipo de conflictos entre ellos".[138]

José Ignacio Úzquiza González de la Universidad de Extremadura (España), concluye así: *"Todas las sangres* es una apuesta audaz, con sus aciertos y desaciertos, que generó, como pocas novelas lo hacen, un encendido debate nacional, que afectó

---

137 IVÁN ANDRÉS ESPINOSA OROZCO; *José María Arguedas y la decolonialidad: Lectura de "Todas las Sangres" y "El Zorro de Arriba" y "El Zorro de Abajo",University of Wisconsin-Milwaukee* May 2015, p.2

138 KLÁRA SCHIROVÁ; *TODAS LAS SANGRES – LA UTOPÍA PERUANA,* en JOSÉ MARÍA ARGUEDAS EN EL CORAZÓN DE EUROPA, Universidad Carolina de Praga Facultad de Filosofía y Letras Praga, 2004, p.107

mucho a su autor, como sabemos, el cual se sintió injustamente comprendido e, inclusive, vejado."[139]

16. José María Arguedas y el suplicio *post mortem*

Tras la faena de aquel *Auto de fe,* las conclusiones de ese evento para tener el eco deseado, debieran trascender en el exterior. No era para menos, se trataba de desvirtuar en los medios de trascendencia continental, la invalides del pensamiento de un prominente escritor e investigador del mundo indígena en latino américa; de éste que por razones ya conocidas, tuvo controversia con el más eminente representante del llamado *boom de la literatura latinoamericana.* Para conseguir este objetivo, pertinente era contar con intelectuales de igual talla, que se ocuparan en sustentar y difundir este acontecimiento. Sin embargo, en razón a la intensa labor que desplegaron José María Arguedas y los intelectuales identificados en el esclarecimiento de las falacias propaladas por sus inquisidores, hasta fines de 1969, el impacto anti-Arguedas, se evanecía en el silencio del mundo intelectual.

---

139 JOSÉ IGNACIO ÚZQUIZA GONZÁLEZ; *José María Arguedas y el Mestizaje cultural (I),* Universidad de Extremadura *AEF,* vol. XXVIII, 2005, p. 309

A partir del 2 de diciembre de 1969, fecha de su deceso, más allá del evidente sentimiento de pesar nacional que dejó su desaparición, quedaron atrás los propósitos de aquel nefasto *Auto de fe;* el pensamiento arguediano, quedó fortalecido. Las generaciones de intelectuales comprometidas y las poblaciones indígenas, mestizas y criollas pobres, encontraron en José María Arguedas como fuente de inspiración para la transformación no sólo del Perú segmentado, sino también, de los países hermanos de la franja andina.

Desde luego sus inquisidores, aunado a la intelectualidad nacional hicieron lo suyo; unos para elogiar su valía y otros, analizar, ensalzar y criticar las obras y pensamiento de Arguedas; sin embargo, en un contexto de persecución del pensamiento social, estas formalidades pasan atrás y la lucha continúa, de ahí que la desaparición física de José María Arguedas, dará paso a la segunda fase más brutal de persecución del pensamiento arguediano. El *Suplicio post mortem de José María Arguedas.*

Muchísimos intelectuales han escrito libros sobre José María Arguedas, los temas que al parecer de este autor interesan a los escritores y analistas se agrupan en: su biografía, sus obras literarias y pensamiento político, su salud emocional, muerte y, la asociación de su muerte con la salud emocional y su pensamiento político.

Una de las personalidades literarias de talla mundial, que dedicó tiempo y conocimientos en escribir sobre José María Arguedas, es Mario Vargas Llosa. Gran escritor, además de sus muchas obras literarias, ganador de múltiples galardones, cuenta en su haber con los premios Planeta, Cervantes, Príncipe de Asturias, el Premio Nobel de Literatura 2010 y muchos otros más, que sería largo enumerar. Vargas Llosa en 1996, veintisiete años después de la muerte de Arguedas, publicó un extenso ensayo: *La Utopía Arcaica. José María Arguedas y las ficciones del indigenismo* (México: Fondo de Cultura Económica, 1996); ensayo que gracias a las diferencias conceptuales de su autor con Arguedas y la aparente difusión publicitaria planetaria, marcará diferencias conceptuales entre la intelectualidad nacional e internacional. Vargas Llosa empieza su ensayo, con un sugestivo y cautivador preludio de crónica fúnebre sobre la muerte de José María Arguedas: "El novelista peruano José María Arguedas se disparó un balazo en la sien —frente a un espejo para no errar el tiro— el 28 de noviembre de 1969, en un baño de la Universidad Nacional Agraria La Molina, en Lima. Era un hombre considerado y, a fin de no perturbar el funcionamiento del claustro, eligió para matarse un viernes por la tarde, cuando se había cerrado la matrícula de estudiantes para el nuevo semestre. No era la primera vez que quería acabar con su vida. Había intentado suicidarse, tomando barbitúricos, en abril de 1966, en su oficina del Museo Nacional de Historia. Esta segunda vez lo consiguió"[140].

En esta su obra Vargas Llosa afirma que, Arguedas, expresa una propuesta literaria y artística de reivindicación indígena y el indigenismo como una ficción ideológica, pasadista y reaccionario: colectivista, mágico, irracionalista, antimoderno y antiliberal. Según Vargas Llosa, en la obra literaria de Arguedas habría un proyecto utópico, que consistiría en querer restablecer un Perú antiguo o arcaico de tipo colectivista, tradicional, rural y mágico-religioso. De acuerdo a Vargas Llosa la obra de Arguedas sería parte de una tendencia reaccionaria dentro de la corriente indigenista en la literatura y, en algunos momentos, tendría hasta un sesgo racista[141]. En síntesis, el objetivo de Vargas Llosa en este su ensayo, no es el fondo de la creación literarias de las obras de   José María Arguedas,

---

140 MARIO VARGAS LLOSA La utopía arcaica. José María Arguedas y las ficciones del indigenismo. Alfaguara, 2008. p.17

141 Jan-David Gelles; "La utopía arcaica" de Mario Vargas Llosa *(Reseña) Charla dictada en la "Casa Latina", Estocolmo, el 19 de agosto de 1997*

sino, el proyecto político que en ellas entrañan, que desde luego colisiona a la estabilidad política de un Estado oligárquico. De modo que, *La Utopía Arcaica. José María Arguedas y las ficciones del indigenismo,* desde mi modesto punto de vista, es el complemento teórico en defensa de los conceptos eurocéntricos vertidos en aquel *Auto de fe* por *inquisidores* literatos y sociólogos. Aclaración que hace recordar a Mario Vargas Llosa, participando activamente en la *Primera Mesa Redonda sobre Literatura y sociología,* donde curiosamente no se sometió a la censura ninguna de sus obras literarias. En el fondo esta obra de Vargas Llosa, es un compendio de sus animadversiones ideológicas personales o de clase, en torno al indígena, consecuentemente a la vida y obras del escritor apurimeño, extrapoladas a la crítica literaria y, protocolarmente disimulado con algunas frases de reconocimiento como a novelista.

Sobre *La Utopía Arcaica...,* distinguidas personalidades de talla nacional e internacional, en libros, reseñas y artículos han abordado muchos; entre los tantos Adolfo Gilly, Profesor de la Facultad de Ciencias Políticas y Sociales de la UNAM, quien asume esta percepción: "En 1996 Mario Vargas Llosa publicó *La utopía arcaica. José María Arguedas y las ficciones del indigenismo.* Es un estudio de la obra y la vida del escritor peruano muerto por suicidio el 28 de noviembre de 1969. Se ve un libro escrito con apuro, como si un plazo fijo limitara al autor, sin revisar demasiado el texto, sin agotar las fuentes, simplificante y repetitivo: las mismas afirmaciones y conclusiones se reiteran capítulo tras capítulo, frases enteras se repiten, las citas parecen al azar. Es además un libro cargado de ideología, que desde su mismo título da por supuesto lo que quiere demostrar. A tantos años de la muerte de Arguedas, Vargas Llosa analiza el contenido político e ideológico que atribuye a su obra, no tanto su escritura ni su lenguaje."[142]

Respecto a la conclusión de Vargas Llosa, donde sostiene que José María Arguedas, en su obra *Todas las sangres*, pretendía volver al pasado inca, Adolfo Gilly en la misma conferencia aclara: "Nada más que Arguedas nunca propuso la utopía del retorno al Tahuantisuyo incaico ni fue un escritor indigenista, si por indigenismo entendemos aquella variedad del nacionalismo —extendida después de la revolución mexicana en México, Perú, Ecuador y Bolivia—, que se propone respetar, absorber e

---

142 Adolfo Gilly, JOSÉ MARÍA ARGUEDAS, Mario Vargas Llosa y el Papacha Oblitas. Texto presentado en la conferencia Literature and Nationalism in Latin America at the end of the 20th Century, Georgetown University y Georgetown College, 6 abril 1999. En Revista NUEVA ÉPOCA AÑO 19 NÚM. 50 ENERO-ABRIL 2006, p.105

integrar a las culturas indígenas en la corriente única de la cultura nacional y de su idioma, contra la propuesta liberal decimonónica de ignorarla y desaparecerla en nombre del progreso, la república y la unidad de la nación moderna. [...].-Continua Gilly- El libro de Mario Vargas Llosa, según creo yo, es un exorcismo progresista, positivista y nacional para ahuyentar a viejos fantasmas que siguen viviendo en el Perú andino y en el "Perú informal", en lo que Vargas Llosa describe como "ese nuevo país compuesto por millones de seres de origen rural, brutalmente urbanizados por las vicisitudes políticas y económicas": la humillación, el odio, la violencia." [143]

De otra parte, la pensadora uruguaya Mabel Moraña, en su obra *Arguedas / Vargas Llosa. Dilemas y ensamblajes* (2013), afirma: "Arguedas y Vargas Llosa representan así dos modalidades bien diferentes de elaboración de un suplemento discursivo ... de indudables connotaciones ideológicas ... Se trata de dos usos de la lengua, entonces, y de dos formas de organización del pensamiento: una, orientada hacia los medios

---

143 Adolfo Gilly, JOSÉ MARÍA ARGUEDAS, Mario Vargas Llosa y el Papacha Oblitas. Texto presentado en la conferencia Literature and Nationalism in Latin America at the end of the 20th Century, Georgetown University y Georgetown College, 6 abril 1999. En Revista NUEVA ÉPOCA AÑO 19 NÚM. 50 ENERO-ABRIL 2006, p.107

masivos de comunicación, el mercado y la imagen pública; la otra, articulada en torno a un programa cultural reivindicativo y dirigida al interior de la cultura nacional, como llamado a la reestructuración social y a la activación de valores comunitarios, de cara a los desafíos de la modernidad."[144] Las connotaciones que derivan de la afirmación de Mabel Moraña, sugieren que cuando dice *"Se trata de dos usos de la lengua, entonces, y de dos formas de organización del pensamiento"*, José María Arguedas, escribe sobre una realidad socio-histórica del Perú existente en pleno siglo XX, aquello que Vargas Llosa desconoce o conoce parcelariamente por informes o generalizaciones sociológicas de textos y tratados. Arguedas, denuncia una realidad que clama un cambio político, la misma que el autor de Los cachorros, además de lo dicho, por su génesis criolla y su compromiso con el neocolonialismo nunca los vio. José María Arguedas, escribe para sensibilizar y cambiar la mentalidad de los peruanos, mientras que Mario Vargas Llosa, para entretener a mayor número de lectores, para el consumo y en términos de costo/beneficio económico. ¡He ahí, la gran diferencia! Para confirmar la tesis de Moraña, basta

---

144 Moraña, Mabel. Arguedas / Vargas Llosa. Dilemas y ensamblajes. Madrid/Lima: Iberoamericana/Vervuert/Librería Sur, 2013. pp. 151-152.

leer como ejemplo *La tía Julia y el escribidor* o cualquiera de los libros del Premio Nobel y, *Todas las sangres* y demás libros de José María Arguedas.

Igualmente, reforzando a lo dicho, cito a Juan Recchia Páez, quien reseña la obra citada de Mabel Moraña, en estos términos: "Moraña conceptualiza la figura de Vargas Llosa como un "agente transnacionalizado" (una literatura multinacional). Para Moraña, el gran salto que logra dar Arguedas en torno a la cuestión indígena es su consideración y reivindicación de esta cultura en la época contemporánea configurando así una visión pluriversal (muy distinta del universalismo occidentalista de Vargas Llosa) que reivindica la comprensión de la realidad social y cultural del Perú"[145]

---

[145] Recchia Paez, Juan; Reseña de: Mabel Moraña, Arguedas/Vargas Llosa. Dilemas y ensamblajes Orbis Tertius, vol. XIX, n° 20, 2014, 226. ISSN 1851-7811. http://www.orbistertius.unlp.edu.ar/

PEDRO HERNÁN PORTILLA SALAS

CONCLUSIÓNES

1. En el Perú desde sus orígenes hispanos hasta nuestros días, el conocimiento de las letras y el idioma español es patrimonio de una clase social que utiliza como herramienta de dominación, tal que su continuidad inmutable en el tiempo se ha tornado en una constante histórica de persecución, opresión y sangre. Empezó con el Inca Garcilaso de la Vega, quien abandonó su patria, convencido que en les condiciones que los vencedores las tenían a los vencidos, ni su abolengo materno, menos sus conocimientos de las letras e idioma español, le servirían para defender al pueblo sojuzgado por lo que tuvo que irse. Blas Valera, primer jesuita mestizo, por defender la grandeza de su pueblo, tuvo que escapar del Santo Oficio al amparo de una muerte civil. El indígena Felipe Huamán Poma de Ayala, escribió su obra *Nueva Coronica y Buen Gobierno* en el año 1615 y por temor a que fuera juzgado por el Santo Oficio, mantuvieron oculta hasta su publicación en 1906.

2. Gracias a un conjuro cultural insólito, acaecido en el seno de un sistema político secularmente opresor; dos personalidades del mundo indígena y mestizo, cada uno en su época y con

sus propios méritos, lograron incursionar a la médula de las letras hispanas, patrimonio herméticamente custodiada por la clase criolla como medio se superioridad. Da la casualidad que ambos personajes, fueron oriundos de la misma región, Apurímac, donde el tiempo y las circunstancias, no parecen distintas entre "el antes" y "el hoy"; estos personajes en cuestión, son: El indígena Juan Espinosa Medrano "El Lunarejo", quien ante las exigencias del sistema imperante, tuvo que asumir la identidad criolla y solo así alcanzó el sitial más alto de la literatura barroca en Hispanoamérica del siglo XVII y sin abdicar su identidad originaria. José María Arguedas, ironías del sistema, éste hombre, a diferencia del anterior, genéticamente mestizo; desde temprana edad, se integra a la cultura indígena y desde entonces, se constituyó en el único pensador peruano indígena, no indigenista, del siglo XX que caracteriza al Perú, como un Estado criollo fraccionado y sumido en contrastes: Un Perú Criollo o formal, tenedor del poder, con esmerada educación y cultura hispana, recursos suficientes y engarzado al mercado cultural del mundo; y el Otro Perú real, sector mayoritario que subsiste a la sombra de un Estado, que deliberadamente excluye al indígena, mestizo y criollo pobre, sin derecho a la cultura escrita, sin recursos y sin acceso o con acceso marginal a la educación.

3. El indígena Juan Espinosa Medrano, "El Lunarejo", considerado como el más grande escritor de la literatura barroca en Hispanoamérica del siglo XVII y a la vez, escamoteada su valía por los referentes de la literatura criolla del Perú. La paradoja súbita que sorprendió al mundo criollo, fue la aparición de un indígena, venido del mundo ágrafo, sentenciado por el poder colonial a nunca conocer el idioma español, menos a leer y escribir. Es más, protagonista que apareció dotado de conocimientos idiomáticos y lingüísticos latinos e hispanos, superiores al de los dueños del idioma. Este, fue un fenómeno cultural; históricamente casual, inédito y atrevido, que desafió y se empoderó de la política virreinal y eclesiástica.

4. La aparición de Juan Espinosa Medrano, fue el primer desencuentro entre la cultura vencedora y vencida, nada comparable con casos como el del Inca Garcilaso de la Vega o Blas Valera, ambos de estirpe privilegiada; "El Lunarejo", no. Su incursión casual, especial y solitaria en la luminaria intelectual hispana, obligó a la

jerarquía criolla pensante de aquel entonces, en resguardo del *statu quo* establecido, solucionar el impase biológico y cultural, silenciando el origen indígena del intruso con una biografía "fabulada", adscribiéndolo como intelectual criollo.

5. José María Arguedas, fue el pensador apurimeño, más proficiente que el Perú aportó a la humanidad en el siglo XX; hombre comprometido con la población indígena. Brindó su vida, conocimiento, experiencia y talento literario al servicio de ellos. A diferencia de renombrados escritores y políticos: progresistas y conservadores; Arguedas, en sus actos y obras, asociando la experiencia vivida, las ciencias sociales y la ficción literaria, retrató la cruda realidad de un Perú, que tras la apariencia democrática, deliberadamente ocultaba en la sombra a un mundo indígena excluido de sus más elementales derechos humanos.

6. Ante la descarnada realidad demostrada por Arguedas en su novela *Todas las sangres,* una élite de "eruditos", "doctores", escritores y pensadores criollos nacionales y un sabio sociólogo extranjero, cuidando que tales conclusiones trascendiera y trastocara las

estructuras del estado oligárquico imperante del siglo XX, fue sometido a un suplicio cultural en la denominada Segunda Mesa Redonda sobre la novela *Todas las sangres*, a la que identifico como un *Auto de fe moderno* y a sus integrantes: inquisidores. José María Arguedas, tras esta emboscada cultural, convicto de haber aportado cuanto estuvo a su alcance en la revaloración de la cultura milenaria y trazar la senda de la opción política indígena, nauseado de la postura y percepción del Perú por aquellos pensadores criollos, optó, por lo que ya todos conocen, se suicidó. Inmoló su vida en un suplicio cultural por la redención de un pueblo indígena maltratado.

7. En este ensayo se retrata de cuerpo entero, el sórdido fuego cruzado al que un puñado de intelectuales criollos y extranjeros, acicateados por la nostalgia colonial del Gran temor, José María Arguedas fue sometido al *Auto de fe,* por imaginar en su novela *Todas las sangres,* al indígena, mestizo y criollo empobrecido, como actores políticos de cambio en un Perú fracturado.

8. Tras aquel *Auto de fe,* la desaparición física de José María Arguedas, dio paso a la segunda fase más brutal de persecución del pensamiento

arguediano *post mortem*. Sus inquisidores con este afán, escriben libros, reseñas, conferencias, etc. Los temas preferidos por sus nuevos inquisidores, redundan en la salud emocional asociada a la muerte de José María Arguedas. Una de las personalidades literarias de talla mundial que dedicó tiempo y conocimientos en escribir, veintisiete años después de la muerte de José María Arguedas, fue Mario Vargas Llosa; publicó un extenso ensayo: *La Utopía Arcaica. José María Arguedas y las ficciones del indigenismo* (México: Fondo de Cultura Económica, 1996). Obra que empieza con un sugestivo y emotivo preludio de crónica fúnebre y a la vez, fue refutada por muchísimas personalidades literarias de talla mundial.

9. La persecución de José María Arguedas, fue un acoso político-ideológico en pleno siglo XX, porque sus pensamientos colisionaban con la ideología criolla y el poder político continental; como tal, los encargados de extirpar este pensamiento de la mente de las poblaciones originarias, ya no fueron clérigos-verdugos, sino, connotados intelectuales criollos al servicio del poder político sempiterno.

10. Finalmente la historia, al costo de aquella inefable persecución del pensamiento de José María Arguedas, viene soterrando esa rancia concepción y praxis neololonial criolla, que en cerca de 200 años, sumió al Perú en la más horrenda sombra de exclusión: Un Perú de criollos, dueños y Otro Perú Real de indígenas, mestizos y criollos pobres excluidos.

FIN

BIBLIOGRAFÍA

1. ALEMANY BAY, Carmen; *Singularidades de José María Arguedas como escritor,* Universidad de Alicante-España, en América sin nombre, Nos 13-14 (2009)

2. AMARU REVISTA DE ARTES Y CIENCIAS, Edición Especial dedicada a José María Arguedas. (Dic. 1969)

3. ARGUEDAS, José María; Et at. *Primer encuentro de narradores peruanos.* Lima: Latinoamericana Editores. 1986

4. ARGUEDAS, José María; *"Canciones quechuas",* Casa de las Américas, Volumen 9, No. 9, 1957.

5. ARGUEDAS, José María; *"No soy un aculturado".* En El zorro de arriba y el zorro de abajo. Buenos Aires : Ed. Losada,1975.

6. ARGUEDAS, José María. *"La sierra en el proceso de la cultura peruana".* La Prensa, Lima, 29 de setiembre de 1953.

7. ARGUEDAS, José María; *"Razón de ser del indigenismo en el Perú"* [1970], en Formación de una cultura nacional indoamericana. México: Siglo Veintiuno, 1975

8. ARGUEDAS, José María; *"Ensayo sobre la capacidad de creación artística del pueblo indio y mestizo".* En Nosotros, los maestros, Lima: Horizonte, 1986.

9. ARGUEDAS, José María; *Formación de una cultura nacional indoamericana,* ed. Siglo xxi, 1975

10. ARGUEDAS, José María, *"Reflexiones peruanas sobre un narrador mexicano",* Suplemento Dominical del diario El Comercio, Lima, 8 de mayo de 1966.

11.   ARGUEDAS, José María; Inevitable comentario a unas ideas de Julio Cortázar, El Comercio, Lima, 1 de junio de 1969.

12.   ARGUEDAS, José María; El zorro de arriba y el zorro de abajo, Buenos Aires, Losada, 1971.

13.   ARGUEDAS, José María; Todas las sangres, Buenos Aires, Losada, 1964.

14.   ARGUEDAS, José María; *JAVIER HERAUD*, Texto leído en la Universidad de Ingeniería en el año 1966, p.13, en: LIBROS &ARTES, Revista de cultura de la Biblioteca Nacional del Perú, Año XI N°52-53, Abril 2012.

15.   ARGUEDAS, José María; *Yawar fiesta*. Buenos Aires: Losada, 1977.

16.   BARRANTES MARTÍN, Beatriz; LA CIUDAD VS. EL PAÍS: Lima la horrible y otros contrabandos en el ensayo peruano. En CILHA - a. 9 n. 10 - 2008

17.   BRAVO BRESANI, Jorge; Literatura peruana y sociología. Revista Peruana de Cultura 7/8. Lima. 1966.pp. 176-184.

18.   CÁRDENAS BUNSEN, José; *Circuitos del conocimiento: el arte de la lengua índica de Valera y su inclusión en las polémicas sobre el sacro monte de Granada*, Lexis Vol. XXXVIII (1), Vanderbilt University, 2014.

19.   CARILLA, E.; «Nota para la biografía del "Lunarejo"», Revista de Filología Española, 34, 1950.

20.   CISNEROS, Luías Jaime; "Itinerario y estructura del Apologético de Espinoza Medrano I". LEXIS 16.2 (1992): 88-123.

21.   CISNEROS, Luis Jaime; «Relectura del "Lunarejo". El Can del Cielo», Lexis, 4, 1980.

22. CISNEROS, Luis Jaime; «Rasgos de oralidad en el Apologético de Juan Espinosa Medrano», Libro de homenaje a Aurelio Miró Quesada, Lima, 1987.

23. CORNEJO POLAR, Antonio; *Los universos narrativos de José María Arguedas*. Lima, Horizonte, 1997.

24. CORNEJO POLAR, Antonio. *La novela indigenista*. Lima, Lasontay, 1980.

25. CORNEJO POLAR, Antonio; *Literatura y sociedad en el Perú*. La novela indigenista, Lima 1980.

26. CORNEJO POLAR, Antonio; Vigencia y universalidad de José María Arguedas, Edit. Horizonte, Lima,1984.

27. CORNEJO POLAR, Antonio; *Escribir en el aire*. Ensayo sobre la heterogeneidad socio-cultural en las literaturas andinas. Lima: Horizonte, 1994.

28. COTÁZAR, Julio; CARTA A ROBERTO FERNÁNDEZ RETAMAR; Sobre "Situación del intelectual latinoamericano" Carta aparecida originalmente en Casa de las Américas, VIII, Nº 45, La Habana, 1967.

29. CORTÁZAR. Julio; Entrevista de Rita Guilbert para Life, París, enero de 1968.

30. DE LA RIVA AGÜERO, José; Carácter de la Literatura del Perú Independiente, Lima, 1905.

31. DE LA RIVA AGÜERO, José; OBRAS COMPLETAS: Estudio de la literatura peruana: DEL INCA GARCILASO A EGUREN, Tomo II, Pontificia Universidad Católica del Perú, Lima 1962.

32. ESCAJADILLO, Tomás G.; "Meditación preliminar acerca de José María Arguedas y el indigenismo". Revista peruana de cultura N° 13-14. Lima 1970.

33. ESCALANTE, José Ángel; "Nosotros los indios..." [1927], en La polémica del indigenismo, ed. Manuel Aquézolo Castro. Lima: Mosca Azul, 1976.

34. ESCOBAR, Alberto. "La guerra silenciosa de Todas las sangres". Revista peruana de cultura, N°5, 1965.

35. ESCOBAR, Alberto. Arguedas o la utopía de la lengua. Lima, IEP, 1985.

36. ESPINOSA MEDRANO, J de; Apologético en favor de Don Luis de Góngora, ed. V. García Calderón, 1925.

37. ESPINOSA MEDRANO, J. de; Apologético en favor de Don Luis de Góngora, ed. A. Tamayo Vargas, Caracas, Biblioteca Ayacucho, 1982.

38. ESPINOSA MEDRANO, J. de; Apologético en favor de Don Luis de Góngora, ed. L. J. Cisneros, Lima, Universidad San Martín de Porres, 2005.

39. ESPINOSA OROZCO, Iván Andrés; José María Arguedas y la decolonialidad: Lectura de "Todas las Sangres" y "El Zorro de Arriba" y "El Zorro de Abajo",University of Wisconsin-Milwaukee, May 2015.

40. ESQUIVEL Y NAVIA; Diego de, *Noticias cronológicas de la gran ciudad del Cuzco*; edición, prólogo y notas de Félix Denegri Luna, con la colaboración de Horacio Villanueva Urteaga y César Gutiérrez Muñoz, Fundación Augusto N. Wiese (Biblioteca de Cultura Peruana, vols, 1 y 2), Talleres Gráficos P,L Villanueva; 2 vols. LXXXIX+ 31Ó + 472 págs, Lima, 1980

41. FAVRE, Henri; El desarrollo y las formas del poder oligarquico en el Peru. En, LA OLIGARQUÍA EN EL PERÚ: 3 ensayos y una polémica. Francois Bourricaud, Jorge Bravo Bresani, Henri Favre y Jean Piel. PERÚ PROBLEMA 2, Instituto de Estudios Peruanos IEP, Francisco Moncloa Editores, Lima, 1969

42. FAVRE, Henri; «José María Arguedas y yo: ¿un breve encuentro o una cita frustrada?». Cuadernos

Americanos. Nueva Época, año x, vol. 2, N° 56, México, marzo-abril, 1996.

43. FERNÁNDEZ, Christian. Arguedas y la crítica en la encrucijada: La mesa del poder o el poder de la mesa sobre Todas las sangres. En REVISTA DE CRÍTICA LITERARIA LATINOAMERICANA. Año XXXVI, N°72- Lima-Boston, 2° semestre de 2010.

44. FLORES GALINDO, Alberto; Dos ensayos sobre José María Arguedas. Lima: SUR, 1992.

45. FLORES, Julio; "José María Arguedas, una experiencia sin paralelo", Humboldt, No. 68, 1979.

46. FORGUES, Roland. José María Arguedas. Del pensamiento dialéctico al pensamiento trágico. Historia de una utopía. Lima, Horizonte, 1989.

47. FUENTES, Carlos; La gran novela latinoamericana, Santillana Ediciones Generales S.A de C.V., Primera edición, México 2011.

48. GÁLVEZ, José; Posibilidad de una genuina literatura nacional, 1915.

49. GELLES, Jan-David; "La utopía arcaica" de Mario Vargas Llosa (Reseña) Charla dictada en la "Casa Latina", Estocolmo, el 19 de agosto de 1997.

50. GILLY, Adolfo; JOSÉ MARÍA ARGUEDAS, Mario Vargas Llosa y el Papacha Oblitas. Texto presentado en la conferencia Literature and Nationalism in Latin America at the end of the 20th Century, Georgetown University y Georgetown College, 6 abril 1999. En Revista NUEVA ÉPOCA AÑO 19 NÚM. 50 ENERO-ABRIL 2006.

51. HERMUTHOVÁ, Jana; El discurso experimental arguediano en JOSÉ MARÍA ARGUEDAS EN EL

ORAZÓN DE EUROPA, Universidad Carolina de Praga, Facultad de Filosofía y Letras; Praga 2004.

52. HUAMÁN, Miguel Ángel; "Utopía de una lengua". Encuentro y debate. Madrid: SUR, VI, núm. 10/11 1993.

53. HOPKINS RODRIGUEZ, Eduardo. El humor en el Apologético de Juan de Espinosa Medrano. En Instituto Riva-Agüero, BOLETIN No. 15, Lima, 1990.

54. HOPKINS RODRÍGUEZ, Eduardo; "poética de Juan espinoza Medrano en el Apologético en favor de D. Luís de Góngora" revista Crítica Literaria Latinoamericana IV 7-8 (1978)

55. HOPKINS RODRIGUEZ, Eduardo; «Poética de Juan de Espinosa Medrano en el Apologético», Revista de crítica literaria, 7-8,1978.

56. HURTADO TRUJILLO, Hernán; Heterogeneidades y Transculturación en la novela Saracosecho de Manuel Robles Alarcón. T.G. Juan Gutemberg Edit. Jr. Rufino Torrico 577-Lima, 2014. Pp 37-47.

57. LANDREAU. John C.; "Hacia una relectura de la leyenda autobiográfica de José María Arguedas". En: Mabel Mora 1a (ed.): Indigenismo hacia el fin del milenio. Pittsburgh: Instituto Internacional de Literatura Iberoamericana. Serie Biblioteca de América, 1998.

58. LIENHARD, Martin; "Sociedades heterogéneas y 'diglosia' cultural en América Latina". En Birgit Scharlau (ed.). 1993

59. LIENHARD, Martín; Cultura popular andina y forma novelesca. Zorros y danzantes en la última novela de Arguedas, Lima: Tareá/Latinoamericana Editores, 1981.

60. Instituto Nacional de Estadística e Informatica- INEI: Censos Nacionales: XI de Población y VI de Vivienda;

Perfil Sociodemográfico del Perú, 2da. Edic. Lima, agosto 2008.pp. 117,118

61. MARIÁTEGUI, José Carlos; Obras Completas Cronológicas Volumen 10, 7 Ensayos de Interpretación de la Realidad Peruana (5 de noviembre de 1928).

62. MARTIN, Gerald; MARIO VARGAS LLOSA: Caballero errante de la imaginación liberal. En John King (ed.), Modern Latin American Fiction: A Survey, Faber and Faber, Londres, 1987.Traducción de Mario A. Zamudio. Publicado en Argumentos. Estudios críticos de la sociedad, núm. 10-11, UAM-Xochimilco, México, diciembre de 1990.

63. MATTO DE TURNER, Clorinda; Bocetos al lápiz de americanos célebres. Lima: Peter Bacigalupi, 1880.

64. MELIS, Antonio. "Una mirada andina sobre Góngora. Juan de Espinosa Medrano". Da Góngora a Góngora. Giulia Poggi, ed. Pisa: ETS, 1997. 197-205.

65. MENENDEZ PELAYO, Marcelino; *Historia de la poesía hispanoamericana*. Tomo II. Alicante: Biblioteca virtual Miguel de Cervantes, 2008.

66. MIGNOLO, Walter D.; "Colonialidad del poder y diferencia colonial," Anuario Mariateguiano, ix/10, 1999. Y, Pensamiento decolonial, desprendimiento y apertura, 2004.

67. MONTOYA, Rodrigo. "Todas las sangres ideal para el futuro del Perú. Crítica del libro "La utopía arcaica. José María Arguedas y las ficciones del indigenismo". En Montoya, Rodrigo, Elogio a la Antropología, Lima, INC, UNMSM, 2005.

68. MOORE, Melisa; *Identidades en transformación y paradigmas emergentes del mestizaje en la obra*

Antropológica y literaria de José María Arguedas. ANTHROPOLOGICA / 20

69. MORAÑA, Mabel; *Barroco y conciencia criolla en Hispanoamérica,* Conferencia dictada en la Universidad de Stanford, el 23 de febrero de 1998.

70. MORAÑA, Mabel; *Arguedas / Vargas Llosa. Dilemas y ensamblajes.* Madrid/Lima: Iberoamericana/Vervuert/Librería Sur, 2013.

71. MORAÑA, Mabel; *La escritura del límite; Territorialidad y forasterismo: La polémica Arguedas/Cortázar Revisitada,* Iberoamericana Vervuert, 2010.

72. MURRA, John V.; *"José María Arguedas: dos imágenes".* En José María Arguedas. Las comunidades de España y del Perú. Madrid: Cultura Hispánica. Instituto de Cooperación lberoamericana y Ministerio de Agricultura, Pesca y Alimentación. 1987.

73. NÚÑEZ MURILLO, Gabriela: *José María Arguedas a través de sus cartas,* 1° ed. Lima: CELACP, Latinoamericana Editores, 2018, pp. 242.

74. ORRILLO, Winston. ""Todas las sangres", gigantesco esfuerzo novelístico de José María Arguedas". Correo (Lima 25-II-65).

75. OYATA, Martín; *José María Arguedas: representación y representatividad,* En A Contra corriente, Una revista de historia social y literatura de América Latina, Vol. 9, No. 2, 2012.

76. OVIEDO, José Miguel. *""Todas las sangres" de J.M. Arguedas. Un vasto cuadro del Perú feudal".* El Comercio. Suplemento Dominical (Lima, 07- II-65:6-7)

77. PÁEZ BARRERA, Oswaldo; ¿CUÁNDO SE JODIÓ VARGAS LLOSA? Literatura del capitalismo tardío y narrativas de la multitud, Ecuador 2011.

78. PANIURA SILVESTRE, Toribio; «Juan de Espinosa Medrano: el indio ilustrado». Variedades, N° 250, 2011.

79. PINILLA, Carmen María. LA VERDAD Y LA VIDA EN LA OBRA DE JOSÉ MARÍA ARGUEDAS, Pontificia Universidad Católica del Perú. P.48. En PUEBLO CONTINENTE, Revista Oficial de la Universidad Privada Antenor Orrego, Vol.22 N°1, Enero-Junio 2011. Trujillo, Perú.)

80. PINILLA, Carmen María. *ARGUEDAS: Conocimiento y vida*. Lima, PUCP, 1994.

81. PINILLA, Carmen María (Editora). *Primera mesa redonda sobre literatura peruana y sociología del 26 de mayo de 1965*. Lima, IEP, 2003.

82. QUIJANO, Aníbal; *El "movimiento indígena" y las cuestiones pendientes en América Latina*. En Cuestiones y horizontes: de la dependencia histórico-estructural a la colonialidad/descolonialidad del poder. Buenos Aires, CLACSO, 2014.

83. RAMA, Ángel; "La novela-ópera de los pobres". En: La crítica de la cultura en América Latina. Barcelona: Biblioteca Ayacucho, 1985.

84. RAMA, Ángel; *Transculturación narrativa en América Latina*. México: Siglo XXI, 1982

85. ROCHABRUN, Guillermo. *La mesa redonda Sobre Todas las sangres: 23 de junio de 1965*. Lima, IEP-PUCP, 2000.

86. RODRÍGUEZ, Garrido José Antonio; "Aproximación a la oratoria sagrada de Espinoza Medrano" Boletín del Instituto Riva Agüero 15 (1988): 11-32.

87. ROSAS, PARAVICINO, Enrique; *El boom narrativo hispanoamericano. Un balance provisional,* en SIETE CULEBRAS, Revista Andina de Cultura, N° 45, Cusco, 2019.

88. ROWE, William; "La imaginación utópica: Todas las sangres". En ensayos arguedianos. 1996.

89. ROWE, William; *Ensayos arguedianos.* Lima Sur, UNMSM, 1996.

90. ROWE, William; *Mito e ideología en la obra de José María Arguedas.* Lima, INC, 1979.

91. SABENA, Julia;   *Juan Espinoza Medrano: La predicación culta como muestra de excelencia artística en el Virreinato, Perú, s. XVII* / Julia Sabena. - 1a ed .- Rosario : Asociación Civil Asociación de Graduados en Letras de Rosario, 2015.

92. SALAZAR BONDY, Sebastián. *Arguedas: la novela social como creación verbal.* Revista de la Universidad de México N°19/11. 1965 pp. 18-20.

93. SALAZAR-SOLER, Carmen; *La presencia de la antropología francesa   en los Andes peruanos.* 2007. París - Francia.

94. SCHIROVÁ, Klára;   TODAS LAS SANGRES – LA UTOPÍA PERUANA, en JOSÉ MARÍA ARGUEDAS EN EL CORAZÓN DE EUROPA, Universidad Carolina de Praga Facultad de Filosofía y Letras Praga, 2004.

95. TERUEL CÁCERES, Iván; *Dos modos de ver y sentir el Perú: las propuestas estéticas y culturales enfrentadas de José María Arguedas y Mario Vargas Llosa,* Trabajo de investigación, Departamento de Filologia Espanyola Bellaterra, septiembre de 2007.

96. URRELO, *Antonio; José María Arguedas, el nuevo rostro del indio : Una estructura mítico-poética,* Lima, Edit. Juan Mejía Baca, 1974.

97. ÚZQUIZA GONZÁLEZ, José Ignacio; *José María Arguedas y el Mestizaje cultural,* Universidad de Extremadura AEF, vol. XXVIII, 2005.

98. VALCARCEL, Luis E.; *Tempestad en los Andes.* Lima: Editorial Universo, 1972.

99. VARGAS LLOSA, Mario; *La utopía arcaica. José María Arguedas y las ficciones del indigenismo.* Alfaguara, 2008.

100. WESTPHALEN, Emilio Adolfo; «la última novela de Arguedas», en Escritos Varios de Arte y Literatura, México, FCE, 1997.

9 781695 686502